LE DEUIL PÉRINATAL

Le vivre et l'accompagner

Chantal Haussaire-Niquet

PRÉFACE DU DR CHRISTOPHE FAURÉ

Le Souffle d'Or
5 allée du Torrent - 05000 Gap
www.souffledor.fr

Du même auteur :

L'enfant interrompu

éditions Flammarion, 1998

Illustration couverture : marie@mariethebird.com
Photographie couverture : Patrick de Saint-Jean
Photocomposition : A' Prim / Fouras (17)
Impression et façonnage : À l'atelier / Gap (05

Dépôt légal : avril 2004
Édition 2009
ISBN 2 84058 254 6

Le Souffle d'Or
5 allée du Torrent - 05000 Gap
Tél. 04.92.65.52.24
www.souffledor.fr

Table des matières

Préface

Dr Christophe Fauré[1]

Une histoire toute simple, presque banale, commence cet ouvrage...

Cette histoire nous parle de la sourde violence de perdre un enfant qui n'a pas vu le jour. Il fait écho à ces mille et un récits de parents en devenir qui ne purent offrir à des proches pleins d'attentes que la détresse de leurs bras vides et impuissants... La femme qui nous parle dès le préambule de ce livre s'est refusée à ce constat d'échec, elle ne voulait pas se résoudre à l'intolérable de ce vide intérieur qui ne trouvait pas de résonance autour d'elle-même. Il lui fallait trouver des mots pour nommer l'indicible, afin de s'accompagner elle-même, pour ensuite accompagner autrui hors des ornières du silence.

Le deuil est certes un chemin solitaire. Aussi fort que puisse être l'amour de ceux qui nous entourent, un lieu intime leur reste à tout jamais inaccessible et il relève de la seule responsabilité de celui ou celle qui souffre d'en prendre soin du mieux qu'il le peut. Mais le deuil ne s'arrête pas à cette unique dimension. Il ne se limite pas à la seule dynamique intra-psychique ; c'est en effet dans le regard social qui l'accompagne qu'il trouve aussi sa légitimité et ses potentiels de guérison.

Ainsi, « habituellement », l'attention qu'autrui porte sur une personne identifiée comme ayant perdu un proche lui permet de se voir

---

1. Fauré C., psychiatre, *Vivre le deuil au jour le jour - Réapprendre à vivre après la mort d'un proche*, Paris, Éditions J'ai Lu, 2000. © 1995 Albin Michel.

accorder ce qu'on pourrait appeler un « droit de deuil » : le droit d'être « autre », différent, dans sa vie quotidienne et de manifester certains besoins spécifiques : le besoin de parler pendant très longtemps de l'être disparu, le besoin de pleurer et de partager sa peine, le besoin d'honorer la mémoire et de porter témoignage de celui ou celle qui n'est plus... Néanmoins, l'attribution de ce droit de deuil dépend étroitement de la validité de la perte aux yeux d'autrui. Si en effet celle-ci n'est pas perçue comme telle, si l'événement de vie dont souffre la personne n'est pas validé socialement comme donnant droit à la mise en marche d'un processus de deuil, cette dernière se voit privée de l'indispensable reconnaissance « communautaire » de sa peine ; de là, elle est implicitement privée des mécanismes sociaux d'aide et de soutien que d'ordinaire la société met en œuvre pour accompagner les endeuillés.

Telle est bien trop souvent la réalité du deuil périnatal.

En effet, s'il faut encore se battre pour légiférer sur le statut de « vivant » de l'enfant non encore né, au-delà d'un certain nombre de mois de gestation, c'est bien parce qu'il ne jouit pas encore de la reconnaissance sociale de son existence en tant qu'être humain. De là, sa perte n'est pas perçue comme un authentique deuil et les parents-en-leur-cœur ne trouvent pas de cadre défini dans lequel leur douleur pourrait être accueillie et accompagnée. Ainsi, à l'inextricable souffrance de ce deuil, s'ajoute la violence d'un silence social qui s'avère d'autant plus brutal qu'il nie parfois totalement la disparition de l'enfant. Il est porteur d'indifférence, voire même de jugement critique sur l'opportunité de revendiquer une telle peine. Ce silence confine au retrait et à l'isolement, retirant à celui ou à celle qui souffre des voies d'apaisement et de croissance qui résultent du lien et du partage avec autrui.

Il est donc essentiel que des ouvrages comme celui de Chantal Haussaire-Niquet touchent enfin le grand public, afin de montrer qu'il existe un autre visage de la souffrance qui, même s'il est connu par des mères et des pères également au plus profond d'eux-mêmes, ne bénéficie pas néanmoins d'une place légitime. Ce livre offre des mots qu'on n'ose pas se prêter à soi même ; il invite – pour citer Annick Ernoult dans son ouvrage *Apprivoiser l'absence* – à cet « écho-résonnance », issu de l'expérience des autres, qui signifie simplement qu'on n'est pas seul(e) à vivre ce que l'on vit. Il peut même donner à certains le courage de revendiquer un droit de deuil et de parole qu'ils ne s'autorisaient peut-être pas jusqu'alors. Par la force des récits et des témoignages qui émaillent ses pages, un tel ouvrage aide à refuser et à dépasser la banalisation des décès périnatals, alors qu'ils laissent démunis et sans recours un nombre incalculable de mères et de pères blessés dans leur cœur et dans leur corps.

Mais Chantal Haussaire-Niquet nous convie à aller plus loin, au-delà des simples récits qui déjà, en eux-mêmes, seront pour beaucoup puissamment thérapeutiques. Elle invite les parents à une authentique démarche de soin, à une ouverture intérieure pour parvenir à « faire quelque chose » de cette absurde souffrance.

Le traumatisme du deuil peut en effet se comparer à une blessure physique. Dès qu'elle survient, un processus de cicatrisation s'initie : c'est une dynamique incontournable, elle est nécessaire, naturelle et échappe à la volonté. Qu'on le souhaite ou non, qu'on l'accepte ou non, le processus de réparation des tissus lésés va se mettre en œuvre dans le tréfonds de l'être. Là alors se pose la question de savoir quelle attitude on décide d'adopter face à cette blessure : car cela procède effectivement d'une décision consciente – et lucide au regard de la situation présente – de s'engager volontairement dans l'accompagnement de la souffrance. Cette décision d'accompagner le processus de cicatrisation est ce qu'on nomme le « travail de deuil ». Il y a donc, d'un côté, le « processus de deuil » qui lui « se fait » de façon incontournable et irrépressible, et, de l'autre, le « travail de deuil » qui est cette résolution de prendre soin, du mieux possible, de cette dynamique de réparation. S'il y a choix, s'il y a exercice de son libre arbitre face à l'absurdité du décès de l'enfant, c'est bien là qu'il se situe, dans la conscience qu'il relève de la décision de s'accompagner sur ce chemin.

Dès lors qu'on réalise que c'est à soi-même qu'appartient la responsabilité de la résolution et l'intégration du deuil dans son courant de vie, il s'impose la nécessité d'« outils » appropriés pour mener à bien cette tâche.

C'est l'autre versant de ce livre qui, dans sa seconde partie, se veut très pragmatique. En effet, parmi toutes les « techniques » utilisées par les thérapeutes qui accompagnent le deuil, il en est une – encore fort méconnue du public et aussi de moi-même – qui porte le nom de « psychosynthèse ». D'une façon simple et accessible, Chantal Haussaire-Niquet nous en explique les bases théoriques et, par-dessus tout, nous révèle le contenu de cette approche par le biais d'exemples concrets, issus de sa pratique auprès des parents en deuil. Ce qui me touche dans l'exposé de son travail, c'est le souci constant d'intégrer le traumatisme de la perte à tous les niveaux de l'être : le corporel, l'émotionnel, le mental et le spirituel. Cette dernière dimension – qu'il est important de dissocier de toute référence religieuse particulière – est un aspect original et manifestement très fécond de la psychosynthèse. De pair avec l'indispensable travail psychologique lié au processus de deuil et aux exigences de sa dynamique, la psychosynthèse propose à la personne en deuil d'explorer la facette spirituelle trop souvent méconnue ou négligée de sa réalité intérieure, tout en restant très respectueuse de ses convictions et appartenances philosophiques. Dans une dynamique d'ouverture, de créativité et d'intégration, elle met l'accent sur les capacités de croissance que porte en lui chaque individu, sur l'importance du sens que chacun donne à sa vie, sur les notions de choix et de responsabilité individuelles, sur la réalisation de la synthèse des différents aspects de sa personnalité.

Cette sollicitation des différents niveaux de l'être au cours du processus de deuil met celui qui avance à la croisée des chemins. Il se reconstruira avec ce qu'il/elle est, puisant dans ses ressources intérieures les matériaux pour reconstruire l'avenir, étonné, troublé et parfois incrédule que cela soit encore possible après une telle agression sur sa vie…

Et pourtant, on y parvient…

« Je suis comme une huître » me confia un jour une jeune maman, deux ans après le décès de son enfant. « À la mort de Thibault, il s'est introduit en moi un grain de souffrance dont je n'avais pas d'autre choix que d'accepter la présence tout au fond de moi. Il a fallu que je m'en protége et ainsi, je l'ai progressivement enrobé de fines couches de nacre. Ce long travail – mon chemin de deuil – a ainsi façonné une perle aux magnifiques reflets... Son prix ne tient pas tant à son inattendue beauté, qu'au fait que son essence parle en secret de la vie – et de la mort – de mon enfant. Qu'en faire désormais aujourd'hui, si ce n'est l'offrir aux regards de parents en souffrance, afin de les éveiller en douceur à leurs capacités innées à prendre soin d'eux-mêmes ?... »

Le thérapeute, nous dit Annick de Souzenelle, est un « cueilleur de perles »... Osons en nos mains ouvertes recevoir la magnificence du trésor encore dissimulé dans les replis de cette souffrance.

L'huître puise dans la mer les éléments qu'elle transformera en nacre ; il existe des perles blanches, noires, roses... qui révèlent autant de façons uniques de métaboliser la douleur.

En écho à cette métaphore, l'ouvrage de Chantal Haussaire-Niquet vous invite à votre tour à y puiser ce qui sera nécessaire à l'alchimie, qui de votre accompagnement, qui de votre souffrance. J'ai la conviction qu'il vous fera du bien et qu'il saura vous montrer, à vous parents, combien ce que vous vivez aujourd'hui dans votre douleur sera capable de vous mener là où vous n'auriez jamais imaginé aller...

... Et que, en vous tenant la main, ce sera votre petit qui vous y aura conduit.

À toi si vite parti(e)
À Jacques
À André

PRÉAMBULE

Je retenais
Poings fermés
Mon amour.
Comme une poussière d'or,
D'entre mes doigts,
Il s'est échappé.

Jean Monbourquette

Tu es bien au chaud petit Jacques, dans la bulle qui t'abrite et te protège à l'intérieur de moi. Tu es le troisième enfant qui vient loger ici. Comme tes frères, tu es tellement désiré ! Je prends soin de toi, de ta croissance, de ton devenir, jour après jour. Je t'écoute. Nous parlons beaucoup tous les deux... enfin... moi je te parle. Légèreté, amusement, complicité. Toi, tu me réponds, à ta manière, en bougeant dans mon ventre. Je ris souvent. Je suis si heureuse ! Nous avons notre petite vie, nos petits secrets à nous ; quand tu sortiras de là, à ton heure, nul doute qu'on se connaîtra déjà bien tous les deux...

Et puis il y a cette amniocentèse de routine que l'on me propose à cause de mon âge ; suivi de grossesse médicalisé auquel je me prête volontiers sans m'y arrêter réellement. Dans un premier temps, c'est à peine si l'inquiétude m'effleure, l'espace de furtifs instants. Toutes ces choses que l'on sait, quelque part au fond de nous, à propos de la mort, la maladie, le handicap, elles n'arrivent qu'aux autres ! Bien sûr je ne veux pas voir ce qui déjà rôde autour de nous mais ça, je ne le sais pas encore. La vie continue entre nous deux, aussi douce, aussi chantante, aussi « insouciante ». Pourtant un jour, IL tombe comme un couperet : LE résultat. En une fraction de seconde, son tranchant acéré vient sauvagement guillotiner à la fois mes rêves et ta vie... Verdict : tu n'es pas viable ! D'un coup d'anti-baguette magique, le monde s'effondre, se dérobe sous moi et ma vie bascule brutalement dans l'absurde et l'inacceptable. Violence inouïe des flots intérieurs qui m'engloutissent dans le tréfonds de la nuit. Je souffre. De cette souffrance in-connaissable qui s'enracine au loin dans mon être dévasté par la douleur. Je refuse désespérément cette nouvelle, la révolte m'envahit, la colère, la peur, l'impression de devenir folle. Telle une bête blessée je suis prise au piège de mes sentiments les plus déchirants, les plus torturants, les plus ambivalents. Des râles s'échappent de ma gorge, cris archaïques venus d'un au-dedans méconnu de moi ; mais surtout je vis l'indicible torture de devoir simplement imaginer la souffrance de ton petit corps à l'intérieur de moi et puis ta mort annoncée, là, dans mon propre ventre. Comment accepter un tel non-sens ? Un véritable ouragan me dévaste qui me laisse seule et désemparée face à l'irreprésentable. Je passe des heures entières avec mes larmes, dans le labyrinthe de ma détresse, à tenter de négocier avec cette réalité sans nom. Mais aucune prise à laquelle accrocher mon désespoir. De cette douleur sans aucuns repères possibles, seule émerge l'illusion toujours ultime de croire que tu peux encore échapper à la mort en dépit du diagnostic posé sur toi ; reflet de ma négation face à l'insupportable réalité.

Malgré cela, docile et hébétée, j'écoute sans forcément les comprendre, toutes les bonnes raisons médicales que l'on m'assène d'envisager l'interruption de la grossesse. Grossesse. Jamais ce mot n'a encore résonné ainsi au tréfonds de mon être. De quoi est-on en train de parler ? Toi, tu n'es pas une grossesse, petit Jacques, tu es toi ! Qu'est-ce que cela veut dire de t'interrompre toi ? Reprendras-tu plus tard ? Bien sûr que non ! Les statistiques, disent-ils, sont sans faille et c'est comme si tout à coup ton existence tout entière était réduite à leur seule loi : issue mortelle à 100 %. Pourtant je me demande toujours s'ils peuvent se tromper ? Je suis perdue, déchirée, que dois-je faire ? J'entends la voix tellement dérisoire du médecin, ses appels non déguisés à ma responsabilité familiale, foutaise ! Dans l'état de choc où je me trouve, comment réunir les conditions d'exercice d'une véritable liberté de choix ? Je me retrouve face à mon désespoir et à mon impuissance, comme prisonnière de ce qui paraît à l'évidence être le mieux pour tout le monde, y compris pour toi me dit-on. À l'insu de tous, le pouvoir des blouses blanches s'est infiltré en moi par la brèche de mon effondrement. Ils « savent » ce qu'il y a lieu de faire, eux... et comme j'ai peur, moi, petit Jacques, de tout ce qui va arriver et que je ne connais pas ! Et comme j'ai mal ! Cependant je comprends assez vite, sans pour autant pouvoir l'admettre, que là où je m'étais préparée à accueillir la vie, il me faut à présent me débattre avec à la place une sentence de mort. Je cherche désespérément le passage pour me dégager de ce cauchemar. Du fond de mon inconsolable chagrin, sur ce chemin qui nous conduit tous deux à ta mort programmée, j'imagine chaque minute pouvoir te garder encore en vie jusqu'au bout, ton bout à toi, ton bout choisi par toi, mais je n'ose le dire à personne, ni à ton papa, ni aux médecins.

Alors le Jour « J », je suis finalement là où je « dois » être, à contresens de tout dans cette maternité où je viens te donner la mort. J'ai l'impression d'aller au massacre comme un brave soldat, curieusement consentante, persuadée du « bien » que je fais. Une fois dans ma chambre, je dois passer par cette attente, des heures durant, que se déroule une histoire presque sans paroles et sans présences humaines, me demandant parfois ce que l'on attend au juste de moi... Mélange d'émotions déferlantes et envahissantes jusque-là inconnues, repères absents ou dérobés à ma mémoire consciente, je sais à peine où je suis. Je fuis dans des pensées rassurantes et raisonnables pour être aussitôt impitoyablement rattrapée par les questions les plus déchirantes : souffres-tu, mon petit Jacques en ce moment ? Le sais-tu, toi, que tu vas mourir ? Et moi, comment vais-je savoir, sentir, que tu es mort ? Je voudrais tout annuler, tout recommencer, il est trop tard. On m'a demandé si je voulais te voir... J'ai dit non, je ne veux pas. Je ne Peux pas ! J'ai bien trop Peur de voir se dérouler sous mes yeux un film d'horreur. Et si tu étais monstrueux ? Tout tourne.

Effroi. Je me sens si seule ! Et c'est seule aussi que je « comprends » enfin : je vais « accoucher » de mon bébé mort. Silence. J'attends... ces contractions qui ne viennent pas et qui « doivent » pourtant finir par se déclencher...

Jusqu'à ce moment où finalement je déambule sur mon brancard dans des couloirs vides et lisses. Couloirs de la mort. J'ai envie de vomir de tout ce mal qui me ronge les entrailles. Et puis la salle d'opération ; j'ai presque envie de dire « enfin » mais aussitôt la terreur étreint ma gorge ! Tout va alors très vite, la ronde des blouses, bleues cette fois, autour de moi, l'impression d'être crucifiée à l'autel des causes perdues et que l'on va m'arracher un à un tous les lambeaux de ma chair dans un exceptionnel raffinement de torture. Je pleure, je voudrais que tout s'arrête, je voudrais que tu vives encore, je voudrais retenir ce moment entre tous, stopper le mouvement, reprendre ma décision, dire *« excusez-moi, je me suis trompée, vous ne pouvez pas comprendre »* et puis me relever et partir avec toi encore en vie au creux de moi... Stop ! Une main se pose sur mon épaule, je tremble de tout mon froid intérieur, anesthésie, brouillard, dans un frimas glacial j'entends cette dernière parole : *« ... vous connaissant, je suis sûre que vous voulez le voir... »*. En une seconde, en un mot, tout se remet en ordre : *« Oui »*, s'abandonner, c'est fini...

Et puis le réveil, la nausée, une lumière blafarde, le noir au dehors par la fenêtre. Quelle heure peut-il être ? Je suis si mal. Je vais sûrement mourir moi aussi. Oh oui, mourir ! Ce serait tellement mieux. Ventre creusé. Où es-tu, je veux te voir mon petit Jacques ! Sursaut de vérité surgi des profondeurs de mon être, cri du tréfonds de mon âme qui réclame ta présence auprès de moi et qui autorise finalement ce moment unique et irremplaçable de la rencontre avec ton petit corps sans vie. Comme tu es beau ! Comment ai-je pu avoir si peur de te voir ? Car c'est en osant poser mon regard sur toi que je viens de te faire naître. Mais déjà, on me laisse si peu de temps à passer avec toi avant que tu ne disparaisses à mes yeux. Je ne sais pas où l'on t'emmène... et plus jamais je ne te reverrai !

Je quitte la salle de réveil, je retrouve ma chambre laissée quelques heures auparavant, dérisoire encore ! Je dois affronter le vide : le vide du dedans, ce vide du ventre comme dans tout accouchement mais aussi le vide terrible au dehors. Me remettre debout, malgré tout. Je déambule et tourne en rond comme cette bête blessée à qui l'on aurait dérobé son petit. Mon corps fantomatique et désarticulé, lui, erre et se traîne, éventré, à la recherche insensée de ton corps évaporé.

Quitter maintenant la maternité, faire face à cet arrachement définitif et irréversible de ce lieu de souffrance mais qui me relie pourtant encore à toi... Rentrer à la maison, en franchir le seuil, les bras désespérément vides et continuer maintenant sans toi, sans les nuits chamboulées, sans tes cris, sans tes pleurs, sans tes rires ! Rencontrer l'absence et le manque au quotidien, l'absurdité de ta naissance ô combien réelle qui n'a pourtant pas le droit de se dire, la page vierge du livret de famille où tu ne peux pas être inscrit, la lourdeur, la douleur d'un nulle part où accrocher mon souvenir, le pas de sépulture... et aussi, et peut-être surtout, l'incompréhension et l'oubli des autres, la solitude, l'isolement, le chagrin et la culpabilité qui trouvent si difficilement les moyens de se dire...

• • •

INTRODUCTION

Toute douleur qui n'aide personne est absurde.

André Malraux

Aventures autour de la naissance

Condensé d'un récit de vie nichant au cœur de l'automne 1996, le préambule qui précède est intimement relié à la lettre que je formulais à Jacques au sortir de la maternité. Publiée[1] un peu plus d'un an après sa mort, j'y écrivais alors[2] : *« [...] dans une succession harassante de mouvements intérieurs, tour à tour oppressants et libérateurs, grâce au temps donné au temps, grâce aux mains tendues à mon secours, j'ai commencé à entrevoir que ce que je vivais de douleur au quotidien s'appelait le deuil, qu'il ne fallait pas chercher à le fuir ou à le nier mais au contraire accepter de le traverser pour accoster, peut-être, sur une autre rive de la vie.*

---

1. Haussaire-Niquet Ch., *L'enfant interrompu*, Paris, Flammarion, 1998, préfacé par Geneviève Delaisi de Parseval, psychanalyste, et postfacé par Maryse Dumoulin, médecin au CHRU Jeanne de Flandre à Lille.

2. Ibid., « avis au lecteur », pp. 12 à 14, nous remercions l'éditeur d'avoir autorisé la reproduction de ce passage.

C'est dans la désolation de mon retour « solitaire » à la maison, que l'impérieux besoin de « faire-mémoire » a soudainement jailli du tréfonds de mon être. Je sentais que je ne devais rien perdre de toutes mes émotions vécues dans le chaos du drame. Elles étaient mon seul trésor, ma seule trace de l'événement. J'ai alors commencé à écrire. Spontanément, une lettre s'est dessinée sous ma plume. Une longue lettre adressée à Jacques, mon bébé, disparu en même temps que mis au monde. Et c'est là, au fil des mots simples et nus pénétrant l'indicible déchirure, que ce fidèle témoignage à moi-même a bien voulu prendre corps. Puis au fil du temps et des demandes parfois pressantes, cet exercice qui avait été exclusivement intérieur et personnel à l'origine, se mua doucement en un projet de publication. Celle que j'avais intitulé pour moi seule la « Lettre à Jacques » prenait alors un sens nouveau. En retraçant pour moi-même l'histoire de l'événement le plus bouleversant de ma vie, puis en acceptant de divulguer finalement son contenu, je restituais la description d'un intime parcours, d'un itinéraire intérieur, d'un voyage « initiatique » au cœur d'un deuil terriblement « charnel ». Les mots tendrement écrits de la main d'une maman à son bébé absent à jamais, devenaient partage de sensations à plaies ouvertes, perçues sur le vif, délivrant leur terrible souffrance autant que, s'il est possible, leur message d'espérance et les clés d'un combat, capables de restaurer le sens de la vie.

C'est pourquoi « L'enfant interrompu » n'est surtout pas une sorte de « recueil didactique » en sous-titre duquel on pourrait lire : « De-la-meilleure-manière-de-résoudre-son-deuil-en-cas-d'interruption-médicale-de-grossesse » ; chaque aventure est bien trop unique et respectable pour elle-même ! [...]. Ainsi mon épreuve personnelle peut-elle aujourd'hui devenir un lien social ; car mon cri intime, jeté dans la conjugaison de l'humanité, saura peut-être, un jour de rencontre, faire partager à d'autres qui le cherchent le goût si subtil de la remise en route, du chemin à parcourir. Alors « l'enfant interrompu » pourra-t-il, à sa juste place, aider des parents à convertir leur meurtrissure en une force de réconciliation intérieure, en une source d'harmonisation avec le nécessaire quotidien, à l'aube d'un futur à réinventer. Alors saura-t-il, peut-être également, aider des proches et des soignants à mieux accompagner, à mieux comprendre les sentiments si paradoxaux qui peuvent surgir de l'irruption d'un tel drame au beau milieu d'une grossesse, par définition toujours heureuse lorsqu'elle est souhaitée. »

Clin d'œil complice de la vie et sourire intérieur : je suis depuis devenue psychothérapeute, consultante et formatrice en deuil périnatal. Histoire de la conversion d'une déchirure en force d'amour posée comme une création devant ce « goût si subtil de la remise en route » évoqué dans mon écrit d'il y a presque huit années. La traversée dont je vais à présent témoigner est celle de l'accompagnement ; aventure formidablement scellée dans le mystère et la beauté des rencontres à tisser de cœur à cœur, chaque fois de manière unique. Il existe bien sûr dans la parution de cet ouvrage d'aujourd'hui comme un ineffable trait d'union avec *L'enfant interrompu...* Des paroles qui se font écho, de la maman que je suis à celle qui peut écouter maintenant « de l'intérieur » d'autres meurtrissures ressemblant tant à la sienne. Comme pour dire peut-être que l'histoire de ces naissances oubliées de tous – mais pas de nous parents – est inscrite autant dans les événements relatés que dans le secret et la puissance des potentialités de chacun ; comme un appel à un dénouement plus ample qui, à l'issue du deuil, transcende l'épreuve malgré la souffrance... dans une forme toujours inattendue d'achèvement, dans une invitation profonde à un autre recommencement.

Va vers toi

La psychanalyse que j'avais entreprise avant cet événement avait certes déjà jeté en moi les prémices d'une reconnaissance possible. Aujourd'hui, je n'ai aucun doute que la synchronicité de la mort de Jacques – au sens de la rencontre signifiante et transformante – dans mon histoire était secrètement posée bien avant que je ne puisse la découvrir ; car c'est bien à partir de cette onde de choc résonnant au cœur de mes eaux intérieures, que j'ai finalement pu amorcer un retournement vers ce processus de profonde mutation engagé jusque-là à mon insu. Suscitant ainsi l'éveil à de nouveaux champs de conscience contenus dans mon in-visible, je mets alors au jour des sens insoupçonnés à cette épreuve. Mais pour autant, le chemin ne peut se faire dans l'isolement et le déni. La détresse des premiers temps a besoin de trouver une écoute, une présence pour se dire, se vivre et trouver appui pour repartir. Le deuil, passage intime et personnel, ne peut s'amorcer qu'avec « l'approbation » de l'environnement et de la société.

En 1996, aucune structure n'existe réellement en France pour aider les parents, au sortir de la maternité, à traverser cette épreuve si particulière d'un deuil où précisément, l'existence même de l'être qui meurt est niée de presque tous. Mon expérience personnelle au cours de cet événement et les difficultés que j'y ai rencontrées, la carence d'accompagnement, le déni juridique et social de mon enfant mort trop prématurément, l'absence de structures d'aide, la solitude, la révolte, la souffrance... le chagrin sans visage, mon propre chemin de deuil et mon errance à la recherche de mon bébé perdu et puis l'élan du cœur aussi, souvent désordonné, le travail sur moi ainsi que les demandes de rencontre et de soutien suite à la parution de *L'enfant interrompu*, me conduisent à imaginer de mettre en place des lieux de parole pour les parents touchés par une mort périnatale[1]. Je me forme à l'accompagnement du deuil avec un thérapeute québécois[2] et grâce à la richesse de personnes exceptionnelles, je suis amenée à créer avec l'équipe de l'Association François-Xavier Bagnoud[2] à Paris les conditions favorables à un accueil et un suivi des familles endeuillées. S'ouvrent alors les premiers groupes d'entraide « fermés »[4] de parents, spécifiquement dédiés au deuil périnatal[5]. Nous rejoignons

1. Mort périnatale : concerne les décès d'enfants en cours de grossesse ou à la naissance, légalement nés vivants ou morts après au moins 22 semaines d'aménorrhée (absence de règles – sera citée par la suite sous l'abréviation « SA ») ou pesant au moins 500 grammes. En revanche, l'accompagnement du deuil des parents prend en compte la seule détresse psychologique suite à la perte d'un bébé, quel qu'en soit le terme.

2. Gilles Deslauriers, psycho-éducateur et psychothérapeute, consultant en pertes, changements et transitions. Mentionnons que les Canadiens ont plusieurs décennies d'avance expérimentale sur nous en matière d'accompagnement du deuil.

3. Aujourd'hui Unité François-Xavier Bagnoud – Fondation Croix Saint-Simon, depuis le rapprochement des deux entités en avril 2003. Accompagnement psychosocial de tous deuils et actions de formation. Voir coordonnées dans la liste des associations en annexe.

4. Groupe de 8 à 10 parents se rencontrant pendant 1 an à raison d'une fois par mois pendant 2h30, co-animé par un professionnel et un parent endeuillé.

5. Deuil périnatal : deuil consécutif à une mort périnatale.

ainsi dans leurs préoccupations et leurs actions, les quelques encore rares à l'époque – mais très incisifs – pionniers médecins et psychanalystes français qui depuis le tout début des années 90 ont déployé beaucoup d'énergies individuelles et collectives à tenter d'éveiller les consciences médicales aux risques des dégâts intra psychiques que peut occasionner chez les parents la négation de l'existence d'un enfant mort-né ou mort trop prématurément.

Mais par le tissage imbriqué de ces relations d'aide, leurs échos et leurs résonances intérieures, je ressens très vite le besoin d'une élaboration plus fondamentale et j'entreprends le cursus de formation de psychothérapeute en psychosynthèse[1] qui donne un tournant décisif à mon engagement professionnel. Je fonde alors l'association Lait-sans-ciel[2] et y ouvre également des entretiens de suivi de deuil tout en poursuivant ma collaboration aujourd'hui avec l'Unité François-Xavier Bagnoud.

Va vers l'autre

D'une manière générale, la mise en place d'un suivi de deuil, individuel, en couple ou en groupe, a tout d'abord obéi pour moi à cette nécessité d'offrir un espace de parole à la souffrance éprouvée face au déni social de la mort du tout-petit, de sorte que les parents puissent amorcer normalement leur processus de deuil et cheminer vers sa terminaison par la restauration suffisante de leur sentiment de « parentalité »[3]. En outre, de par la violence extrême du traumatisme engendré – nous verrons pourquoi plus loin – ce deuil agit très fréquemment comme un révélateur de crises déjà installées en profon-

1. École de Psychosynthèse, Centre Source, 26 rue Montevidéo, 13006 Marseille et 16 rue Lucien Sampaix, 75010 Paris.

2. Lait-sans-ciel, dédiée à l'accompagnement et aux actions de formation autour du deuil périnatal. Voir coordonnées dans la liste des associations en annexe.

3. Parentalité : fait référence au sentiment **éprouvé** d'**être** parent.

deur, en particulier chez les mères. Donner la possibilité de s'exprimer sur le vécu de l'événement, c'est aussi donner l'opportunité de mettre à jour des blessures plus anciennes, de les objectiver et de pouvoir travailler sur elles.

Il est clair que toute histoire vécue est sous-tendue par un imaginaire, un univers fantasmatique alimenté par l'inconscient. Cependant l'écoute empathique qui guide mon accompagnement m'engage à recevoir chaque parole comme la réalité de la perception d'un vécu, comme l'expression authentique d'un ressenti à partir de la trame d'une histoire véridique et singulière. Dans cette « présence » d'inconscient à inconscient, il va de soi que ma propre histoire n'est pas neutre. Elle est pour moi cet atout d'écoute « de l'intérieur », un outil contre-transférentiel, dans la conscience indispensable de mon propre modèle du deuil, d'un « je suis comme l'autre » mais « je ne suis pas l'autre », qui s'instaure dans la relation thérapeutique juste.

La parole offerte et recueillie pendant les entretiens et le travail émotionnel et corporel effectué avec chaque personne, constituent le matériau à partir duquel il me semble intéressant de poser aujourd'hui une approche « théorico-clinique » du suivi du deuil périnatal au sortir de la maternité. Celle-ci se fera au travers de mon expérience pratique de psychosynthésiste. La philosophie de la globalité de l'être et les outils proposés par la psychosynthèse[1] m'apparaissant en effet très en adéquation avec les besoins des personnes et avec une des réponses thérapeutiques possibles à apporter dans l'accompagnement de ce type de deuil. Ce travail reposera davantage sur la notion de « rencontres cliniques », pour reprendre un terme cher à l'environnement de la psychologie humaniste, que sur celle d'« études de cas ». Cela signifie en particulier que mes interprétations ne se fondent pas sur un « savoir » mais sur une sorte d'« accord » de rencontre entre les personnes et moi, à partir duquel ma théorisation peut prendre corps.

1. Voir présentation de la psychosynthèse dans le chapitre « Une voie vers le Soi, un chemin pour le deuil ».

L'ensemble des matériaux ainsi réunis depuis un peu plus de cinq années au travers des groupes et des entretiens individuels, leur relecture et leur analyse, permettent en effet de dégager des caractéristiques qui peuvent apparaître comme invariablement communes, préfigurant une sorte de « portrait-robot » établi à partir des morceaux d'humanité pourtant très singuliers chaque fois inscrits dans la chair même de ceux que j'écoute. Pour chacun l'expression est absolument unique et cependant, dans un premier niveau de lecture, la souffrance apparaît comme rigoureusement identique, comme attachée aux mêmes nœuds : *« C'est un peu comme si l'on nous avait généreusement octroyé un crédit illimité d'amour et de confiance en forme de vie à façonner. Et puis d'un coup tout se dérobe, la promesse est trahie et tout cet amour investi n'a qu'à s'effacer, disparaître ou n'avoir jamais existé. On nous demande en fait de faire comme si de rien n'était et de recommencer bien vite ce qui pour tout le monde a été raté. Mais la vie et toute son espérance, tout ça s'écroule pour nous et on se retrouve seul face à nos rêves déchus, nos espoirs piétinés, nos projets d'avenir anéantis dont personne ne veut entendre parler »* me dira **Claudine**, une des mères dont j'ai choisi d'évoquer plus loin l'histoire et qui résume bien à sa manière la pelote de souffrance toujours présente chez les parents qui demandent à rencontrer une écoute.

Notons cependant que c'est ce même matériau qui, par son élaboration conceptuelle, permettra également une prise de distance par rapport à des pratiques très nouvellement initiées en la matière. Les développements qui suivent, en effet, s'inscrivent dans un esprit de complémentarité aux excellents travaux[1] élaborés jusqu'alors par des praticiens de santé hospitaliers et concernant l'accompagnement dans l'hôpital. Ils peuvent en outre utilement concourir à la prise de conscience émergente que des relais doivent et peuvent s'établir en ville sous une forme ou sous une autre pour les parents trop isolés, désemparés ou démunis face à leur souffrance.

Ainsi ma démarche sera **dans un premier temps** de situer brièvement le deuil périnatal en tant que deuil à part entière, avant d'introduire ses problématiques spécifiques. Puis je présenterai les

1. Voir bibliographie.

quatre rencontres cliniques choisies pour illustrer cet ouvrage. Leur nom ainsi que celui de leur bébé ont été changés par respect de la confidentialité de leur histoire, je parlerai donc de chacune et chacun sous leur nom d'emprunt : ***Evira***, ***Claudine***, ***Laurent*** et ***Christine***. Il est clair que ces derniers sont icônes vivantes d'une réalité beaucoup plus large entendue chaque jour dans mon accompagnement. À ce propos, je tiens à attirer l'attention des lecteurs sur le fait que certaines personnes peuvent croire se reconnaître elles-mêmes ou reconnaître quelqu'un de leur entourage dans les propos relatés ; il s'agira probablement d'un phénomène de projection relativement courant, en particulier dans ce type de deuil où toutes les histoires se « ressemblent » étrangement malgré leurs caractéristiques bien singulières. Je déclinerai ensuite chacune des problématiques spécifiques introduites précédemment, en étayant mes propos par des paroles recueillies auprès d'***Evira***, de ***Claudine***, de ***Laurent*** et de ***Christine***.

Enfin **dans un deuxième temps**, j'entrerai plus directement dans le champ clinique de mon accompagnement en m'appuyant toujours sur chacune des quatre rencontres. Après avoir présenté la psychosynthèse, situé le cadre de mon écoute et décliné les tâches qu'il me semble nécessaire d'accomplir pour favoriser l'amorce d'un processus normal de deuil dans le cas d'un décès périnatal, je montrerai l'articulation de mon accompagnement au travers des outils spécifiques de la psychosynthèse et leur bénéfice pour le parent endeuillé.

Puis j'évoquerai les structures de personnalité sous-jacentes d'***Evira***, de ***Claudine***, de ***Laurent*** et de ***Christine*** en tant que phénomène amplificateur de leur deuil et montrerai en guise de conclusion comment l'enfant perdu au sein même de la chair maternelle est un appel, y compris pour un père, à retourner à la recherche de l'enfant intérieur perdu en soi.

Je précise enfin que l'ensemble des concepts élaborés plus loin est volontairement circonscrit à la mise en évidence d'un certain nombre de particularités psychosociales inhérentes aux conditions traumatiques de l'irruption du décès périnatal dans une famille ainsi qu'à l'analyse des facteurs spécifiques de blocage ou de difficulté du deuil qui en découlent. Afin seulement de situer le champ d'action intra psychique du deuil périnatal, j'évoquerai mais ne développerai donc pas en tant que tel des concepts plus généralistes sur le deuil. D'excellents ouvrages existent à ce propos auxquels il pourra être fécond de se reporter. La bibliographie en fin d'ouvrage ne concernant elle aussi que le deuil périnatal, le lecteur qui rechercherait une documentation exhaustive sur la mort, le deuil et l'accompagnement, pourra se référer au site internet du Centre de Ressources National[1] François-Xavier Bagnoud–Fondation Croix-Saint-Simon ou prendre contact avec cette médiathèque pour une consultation sur place.

Les parents trop isolés et en détresse, ainsi que les professionnels qui le souhaitent, pourront se reporter à la liste des associations mentionnées dans l'annexe III en fin d'ouvrage. Elles ont toutes des activités d'écoute, de soutien et d'animation sous diverses formes spécifiquement tournées vers le deuil périnatal. Certaines assurent également des formations pour les personnels soignants, animateurs et acteurs au sens large impliqués dans l'accompagnement de ce deuil.

• • •

1. Voir coordonnées dans la liste des associations en annexe.

UN DEUIL COMME LES AUTRES ?

Si seulement je pouvais redonner l'envie de se rassembler
Autour des vivants qui restent,
Car passe encore que les morts soient accompagnés tristement
Lors de leur dernier voyage,
Mais il me paraît de plus en plus indigne
De laisser les vivants dans le désert de leur deuil
À cause de notre gêne et de notre manque
De savoir mourir un jour.

Yannick Jaulin

DES RÉSONANCES IDENTIQUES

Le deuil est l'ensemble des réactions que la mort entraîne chez les vivants qui restent. Freud en 1915 écrivait : « *Le deuil est régulièrement la réaction à la perte d'une personne aimée ou d'une abstraction mise à sa place* »[1]. C'est l'objet[2] de la perte et les relations qui existaient – et qui existent toujours après la mort sous une autre forme – avec cet objet qui vont essentiellement conditionner le déroulement du deuil et son

1. Freud S., « Deuil et mélancolie », in *Métapsychologie*, Paris, Gallimard, p. 146.

2. Dans la conception freudienne concernant le deuil, désigne précisément la personne aimée ou l'abstraction mise à sa place.

issue. Le deuil périnatal est en cela concerné comme tout autre deuil. La mort de l'enfant en cours de gestation ou autour de la naissance en effet, vient inscrire de manière identique une discontinuité dans le cours de l'histoire à la fois personnelle et familiale. Ici aussi le traumatisme est violent, la déchirure irréversible, le vide et l'absence indicibles ; ici aussi le deuil doit être traversé et suppose le passage par les étapes normales de tout deuil : l'état de choc et la sidération, le refus de la réalité puis la reconnaissance de celle-ci, l'abattement, la colère, l'expression du chagrin, la dépression, puis l'acceptation, la réconciliation, le réinvestissement du désir et de la vie, la réadaptation sociale, intellectuelle et affective et enfin la découverte du sens de la perte[1]. Il s'agit d'un processus de maturation où chaque composante citée du deuil viendra s'imbriquer et se chevaucher de façon plus ou moins chronologique, à travers un périple intérieur propre à l'histoire de chacun. Ainsi les personnes endeuillées doivent-elles se donner le temps d'élaborer peu à peu et pas à pas les effets de la rupture, toujours irréductible, toujours insupportable.

De multiples façons, la personne en deuil ne sera plus jamais la même qu'avant, son rapport à la vie non plus. Et la terminaison de son deuil s'inscrira davantage dans une sensation perçue par elle-même de l'intérieur que dans une évaluation extérieure normative. Seule l'acceptation ressentie au fond d'elle-même de la possibilité de jouir à nouveau de la vie sera effectivement le signe d'un travail de deuil mené jusqu'à son terme proche. Tout ceci bien sûr joue également pleinement en ce qui concerne le deuil périnatal.

Qui dit « comme » ne dit pas « même »

Pourtant de la rupture de la vie en cours de gestation ou à la naissance va découler un processus de deuil qui, s'il s'inscrit pleinement

1. Ces étapes ont été décrites de manière différemment développée par des auteurs faisant référence en matière de traitement du deuil tels que M.F. Bacqué, C. Fauré (auteur de la préface de l'ouvrage), M. Hanus, E. Kübler Ross, J. Monbourquette.

dans le déroulement de n'importe quel autre type de deuil, n'en sera pas moins marqué de sa propre singularité.

La mort périnatale affecte dramatiquement tous les membres de la famille, la mère, le père – le couple – et les frères et sœurs. Il n'est sans doute pas inutile de rappeler cette évidence car malgré la récente émergence depuis le début des années 90 d'une littérature engagée sur ce sujet[1], malgré le remarquable travail effectué aujourd'hui par des équipes hospitalières et des associations autour de l'accompagnement des familles, malgré également des adaptations juridiques datant de novembre 2001 et juillet 2002 en terme de reconnaissance des bébés morts en cours de grossesse[2], il subsiste encore autour de cet événement dans notre société comme l'ombre d'un doute, ancré, tenace, persistant et insidieux : cette mort-là en est-elle vraiment une ? Selon un sens commun encore largement répandu, en effet, puisque la grossesse n'a pas abouti comme il était attendu, puisque l'enfant n'est pas rentré dans le champ du social, qu'il est resté cantonné à la sphère de l'intime, il ne s'agirait pas d'une existence véritable et donc pas davantage d'une mort véritable. Pour les parents, ceci s'ajoute comme un choc psychologique supplémentaire au décès du bébé et vient obérer parfois gravement l'amorce possible d'un processus normal de deuil.

Une des premières spécificités de ce deuil réside dans le fait qu'il rassemble à lui seul à peu près toutes les composantes traumatiques habituellement rencontrées dans différents autres deuils, comme la brutalité ressentie dans la mort violente, le sentiment de solitude et de culpabilité dans la mort aléatoire, la grande difficulté à concevoir la réalité de la mort dans le cas d'un disparu ou encore cette angoisse de mort omniprésente particulièrement après la disparition d'un enfant. La mort périnatale se trouve donc très souvent surexposée à tous ces facteurs habituellement aggravants du deuil mais elle se trouve également prise au piège de ses propres spécificités : tout d'abord les

1. Voir bibliographie.

2. Voir annexes I et II : Circulaire interministérielle du 30/11/01et Tableau récapitulatif des droits des parents et devoirs des soignants.

circonstances de la mort qui très souvent survient « dans » la mère et toujours en cours de transmission de la vie, ensuite l'absence d'une histoire de vie passée au dehors avec le disparu et le manque de traces de son vécu, également le déni juridique de l'existence du bébé mort trop prématurément, sans oublier l'expérience très singulière du père dans sa relation « indirecte » au bébé et enfin cette mort qui vient balayer d'un coup l'évidence de la naissance, provoquant chez les parents une catastrophe d'une effroyable brutalité.

Tout ceci orchestre sourdement un deuil pathogène dont l'histoire traumatique est indissociablement liée à la non-reconnaissance par l'environnement et la société de l'objet de la perte. Car on ne peut faire son deuil de ce qui n'a pas existé, « *on ne peut faire son deuil que du connu* »[1] nous dit la psychanalyste Geneviève Delaisi de Parseval. Les rapports particuliers qui s'établissent alors entre la réalité interne de la personne endeuillée et son environnement extérieur, tels qu'à un moment la représentation mentale de l'événement peut devenir impossible, sont de nature à faire basculer le deuil dans une violence psychique extrême. Ceci porte un coup fatal au pacte social implicite posé entre chaque homme qui naît, ce pacte devant normalement protéger l'intégrité physique et psychique de l'autre. La confiance dans le monde et l'environnement emphatique est alors détruite pour le sujet qui subit cette violence extrême.

• • •

1. Delaisi de Parseval G., « Les deuils périnataux », in *Etudes*, Tome 387, n°5 (3875), novembre 1997, p. 460.

LES RENCONTRES CLINIQUES

Naissance et mort sont couple
Et non vie et mort.
Ici l'âme se trompe lorsqu'elle a peur
Car la vie vit éternellement.

Gitta Mallasz

EVIRA – MORT *IN UTERO*[1] DE CHARLAINE À 8 MOIS ½ DE GROSSESSE

Evira a 39 ans. Elle est mariée, a une fille de 6 ans et un garçon de 5 ans. Elle est l'aînée d'une fratrie de 3 enfants, son père est originaire d'Europe centrale, sa mère française, ils sont de religion différente et les enfants ont reçu l'éducation religieuse de la mère. Evira tient un poste important de cadre supérieure en entreprise et se pose énormément de questions quant à l'équilibre travail/famille. Elle est en permanence déchirée par les choix à faire entre les deux et dit qu'elle choisit ses enfants sans hésiter tout en remplissant par ailleurs son emploi du temps professionnel, de sorte qu'il devient épuisant

1. Mort *in utero* : (MIU) terme employé pour la mort spontanée d'un fœtus à partir de 22 SA et jusqu'au terme théorique de la naissance. Avant 22SA on parlera « officiellement » de fausse couche (FC). Je redis ici combien l'écoute de la souffrance psychique n'entend pas cette frontière.

de jongler en permanence pour maintenir ce semblant d'équilibre, réalisé quoiqu'il en soit à grand peine. Evira est toujours fatiguée, le teint pâle, un peu dolente, elle ne sait pas trop quoi faire de son grand corps mince qu'elle semble poser d'un endroit à un autre sans vraiment pouvoir lui donner une harmonie d'ensemble.

Deux ans auparavant, elle a perdu une petite fille peu de temps avant la naissance. Evira dit venir me voir parce qu'elle s'en sortait plutôt mieux juste après l'accouchement de sa fille, et que maintenant, elle a beaucoup de mal à vivre le fait que tout le monde semble l'avoir oubliée, comme si elle n'avait jamais existé. Avec son mari, elle a le très fort désir d'un autre enfant *« qui ne vient pas »*, ce qui ajoute à sa souffrance. Au début, elle me dit ne pas trop savoir en fait ce qu'elle attend de nos entretiens, elle voudrait bien s'en sortir seule mais elle voit qu'elle a du mal, elle se sent beaucoup plus sensible qu'avant, vulnérable, elle « *ne se reconnaît plus* », pleure, sa fille lui manque ; elle réclame globalement de l'aide pour aller mieux.

J'invite Evira à commencer par le récit de l'événement, ce qui permet en particulier de poser tout de suite dans l'espace l'existence de son bébé en l'appelant par son prénom, Charlaine. Evira m'explique que sa grossesse s'était tout à fait bien passée, comme pour ses deux autres enfants. Elle parlait beaucoup du bébé en famille, avec son mari bien sûr mais aussi avec ses enfants ; ils attendaient leur petite sœur avec impatience. En fait, tout le monde attendait ce bébé *« de pied ferme »* comme elle dit. *« On avait tout préparé, sa chambre et ses affaires pour le grand jour de son arrivée. On s'était amusé avec les enfants à coller sur les vitres de sa fenêtre les photos prises au cours des échographies... en attendant que Charlaine soit là en vrai ! »*. Evira évoque ce souvenir avec un léger sourire, comme au présent, tout en faisant les gestes qui correspondent à son discours, jusqu'à ce qu'elle s'effondre en pleurs : *« Vous savez, quelquefois, c'est comme si je la sentais encore, là, à l'intérieur »* ; elle me montre son ventre tout en me disant que cette impression est terrible car elle sait bien que sa fille est morte mais c'est comme si son corps à elle ne l'avait pas enregistré vraiment.

« À la fin, je sentais des tiraillements ; c'est vrai, je me dis que j'aurais dû y faire attention, mais je ne me suis pas écoutée, c'était ma troisième grossesse, on ne se déplace plus pour un rien à la troisième grossesse... là, j'aurais dû bien sûr ! ». Evira exprime cette résonance de culpabilité avec une fausse tranquillité, comme désabusée, comme désinvestie d'elle-même.

Une semaine avant le terme, les contractions se sont déclenchées. Rien de très alarmant. Son mari et elle partent cependant à la clinique avec les affaires du bébé, calmement, juste le temps de mettre en place le dispositif de garde prévu pour les autres enfants. En arrivant, une sage-femme l'emmène avec son mari dans une pièce de surveillance. On lui explique qu'on va la mettre sous monitoring[1] pour voir comment se comporte le bébé et c'est là que tout bascule ; *« le rêve tourne au cauchemar »* mais elle ne réalise pourtant pas très bien ce qui est en train de se passer. *« Je reverrai toujours la tête de la sage-femme, elle n'arrêtait pas de bouger le capteur sur mon ventre à la recherche d'un bruit. Avant même que je lui demande quoi que ce soit, elle m'a dit de ne pas m'inquiéter, que c'était courant quand le bébé était gros... mais je ne comprenais pas ce qu'elle voulait dire et je me taisais... sans doute pour que le silence soit plus accueillant au moindre bruit. »*. Evira me dit qu'elle s'est rendue compte ensuite qu'elle retenait sa propre respiration à son insu pour être sûre de ne pas déranger le capteur du moniteur. Le récit qu'elle est en train de faire l'apaise tout en libérant des émotions dont elle dit qu'elles ne sont jamais sorties comme ça avant. Elle entend la sage-femme dire *« pas de cœur »* et puis vite, celle-ci lui dit qu'il faut faire une échographie de contrôle en urgence, qu'il y a quelque chose de pas normal, qu'elle ne trouve pas le cœur du bébé. Evira *« sait »* alors sans pouvoir le porter pleinement à sa conscience, que c'est fini, que Charlaine est morte à l'intérieur d'elle. Mais personne ne le lui dit. Elle m'explique qu'après coup, elle a réalisé qu'elle avait eu cette *« intuition »* dès le déclenchement des contractions mais qu'elle ne s'en est rappelée que très récemment. Evira ne peut pas entendre cette *« petite voix intérieure »* qui lui parle pourtant à plusieurs reprises. Elle

1. Monitoring fœtal : ceinture posée autour du ventre de la mère contenant un capteur destiné à enregistrer le rythme cardiaque du bébé.

vit depuis bien trop longtemps avec un sentiment de vide de son propre corps qui lui interdit tout contact avec ses intuitions et ses ressentis.

L'échographiste tourne et retourne sa sonde dans tous les sens et puis lâche sans trop y mettre de formes qu'il n'y a pas de respiration. *« Effectivement, le cœur ne bat plus, c'est fini. »* Impossible pour Evira de se représenter ce que veut dire cette dernière parole. Elle se revoit cependant plutôt calme – en fait coupée d'elle-même comme à son habitude – et ne se souvient plus de ses émotions, ni à ce moment, ni au moment de l'accouchement qui a suivi. Elle n'a pas voulu voir son bébé : *« J'avais trop peur, mais je ne sais pas de quoi, sûrement de ce que j'allais voir... j'imaginais des choses terribles, et maintenant je regrette »*.

L'accouchement a été très long. Evira se rappelle qu'elle voulait que ça finisse vite, qu'on lui enlève ce bébé et qu'elle en finisse... aujourd'hui, elle voudrait tout refaire autrement ! Après, son mari et elle ont choisi de reprendre le corps, de faire une cérémonie religieuse et d'enterrer Charlaine dans un caveau de famille du côté paternel. Elle dit être réellement apaisée de savoir qu'elle est là-bas et de pouvoir *« y laisser courir le souvenir »*. *« Mais que son image me manque »*, dit-elle, *« je n'ai que des photos à regarder maintenant et c'est si peu de chose alors que j'aurais pu la tenir dans mes bras et profiter d'elle. »*

Depuis cet événement Evira dort très mal, mais surtout depuis quelques mois elle fait des cauchemars où elle « voit » Charlaine telle qu'elle n'a pas pu la voir. Elle se noie dans la suractivité *« comme toujours mais encore plus »*. Elle voudrait reprendre la vie *« comme avant »* mais voit bien que ça n'est pas possible. Elle a besoin de *« rester avec »* Charlaine et *« ne veut pas la laisser partir »*. Elle n'accepte pas que cette mort semble comme oubliée de tous y compris, lui semble-t-il, de son mari. Dans les réunions familiales ou amicales, personne ne parle plus jamais de Charlaine. Evira ressent un vide qu'elle n'arrive pas à combler. Une croyance a été ravivée chez elle par cet événement, qui s'est solidement installée : *« Depuis la mort de Charlaine, il arrive toujours quelque chose ! »*. De fait, elle a déjà fait une fausse couche avant de venir me voir et au début de nos rencontres, elle perd encore deux jumeaux très précocement.

Claudine – Interruption médicale de grossesse (IMG[1]) de Nicolas à 6 mois

Claudine a 40 ans, est mariée depuis dix ans, a une fille de sept ans, Francine, lourdement handicapée moteur et cérébrale, placée en institution spécialisée. Elle a déjà une histoire marquée du sceau de l'abandon et du deuil : sa mère a quitté le foyer conjugal alors qu'elle était toute petite – elle est à présent décédée depuis longtemps – et son père décède à son tour quand elle a quatre ans. Elle est ensuite élevée par sa grand-mère paternelle.

Claudine est particulièrement *« épuisée »*. Son médecin l'exhorte à venir me voir car il lui dit que cette très grande fatigue a évidemment à voir avec le fait que six mois auparavant, elle a perdu son bébé, Nicolas, suite à une interruption médicale de grossesse. Elle est pétrie de bonne volonté mais ne croit pas réellement que quelqu'un puisse quelque chose pour elle. Elle voudrait de toute façon être morte pour être avec son fils ; mais elle veut essayer d'aller mieux malgré tout *« parce qu'il faut bien s'occuper de Francine... elle n'a que nous pour vivre. »*. Claudine ne surmonte que très difficilement cette mort, le silence autour d'elle et l'absence de son enfant au quotidien. Elle exécute son devoir en tenant le coup, pour les autres surtout, avec une force de caractère ancrée sur un fond dépressif. Elle exprime une lassitude extrême et un sentiment d'injustice vis-à-vis de la vie en général portés à leur comble par ce dernier événement de la mort de Nicolas : *« Pourquoi cela m'arrive-t-il à moi qui n'ai jamais demandé grand chose à personne ? »*.

Claudine commence son récit en me disant qu'elle a beaucoup attendu pour oser *« mettre en route »* un autre enfant après Francine. Le handicap de sa fille, découvert à la naissance, n'était pas génétique ni héréditaire, mais elle ne se sentait pas la force de prendre à nouveau le risque d'une grossesse. Et puis finalement, elle s'est décidée

1. IMG : Interruption volontaire de grossesse d'indication médicale, communément dénommée Interruption médicale de grossesse, anciennement appelée Interruption thérapeutique de grossesse (ITG), légalement autorisée en France jusqu'au terme de la grossesse.

l'année dernière *« avec la peur au ventre. »*. Elle a été rapidement enceinte de Nicolas et la maison a semblé s'illuminer d'une joie toute nouvelle.

La grossesse se passait très bien et les échographies étaient là pour le confirmer. En France, une amniocentèse est prévue pour les femmes à partir de 38 ans. *« Ce n'était pas simple d'en passer par là, j'avais une de ces peurs ! Et toutes ces projections que l'on a fait, forcément, avec Francine déjà... J'essayais de me raisonner mais c'était terrible. Et puis on ne nous a pas dit grand chose vous savez, on nous a laissés attendre comme ça dans le vide et voilà, un jour, après un temps interminable, il y a eu cette grande enveloppe dans la boîte aux lettres sur laquelle je me suis précipitée... le médecin nous donnait un rendez-vous, j'ai su tout de suite que c'était mauvais ! »*

C'est là que Claudine et son mari apprennent que leur bébé est porteur d'une anomalie chromosomique rare et non viable. Claudine me dit qu'elle a failli s'évanouir et que le médecin a dû la faire allonger dans son bureau. Elle croyait faire un horrible cauchemar, c'en était un, mais qui s'inscrivait dans la réalité. *« Tout cela a été si brutal, on nous a tout de suite parlé d'interruption médicale de grossesse mais je n'entendais pas vraiment le sens des choses, j'étais trop choquée... on devait réfléchir et décider mais je ne voyais pas ce qu'il y avait à décider, je ne comprenais rien, c'était trop, vraiment trop. Tout s'écroulait à nouveau et je ne pouvais pas croire que tout ça était possible... et puis un grand vide s'est fait en moi, je ne me souviens plus de grand chose tout de suite après. »* L'obstétricien leur a dit que tout pouvait aller très vite s'ils voulaient. Claudine ne « voulait » rien, sauf tout et son contraire, trop ébranlée par la nouvelle. Elle ne voyait même pas comment imaginer quitter son bébé avant même qu'il n'ait vu le jour. Comme on le lui demandait, elle réfléchissait, autant que sa tête voulait bien le lui permettre mais elle se demandait bien à quoi elle devait réellement réfléchir puisqu'on lui disait de toutes façons que son bébé allait mourir. Alors elle s'est mise à penser brutalement qu'il était en train de souffrir et qu'il allait souffrir de plus en plus. C'est cela, dit-elle, qui lui a fait comprendre qu'il fallait arrêter maintenant cette grossesse. Et puis aller vite, oui, pour que peut-être elle puisse vite oublier, aussi, que cette absurdité avait bien existé. Le rendez-vous pour l'IMG a été pris pour quelques jours après, plus rien ne semblait avoir de sens pour Claudine. « *Il ne pouvait plus rien m'arriver de pire de toute façon... enfin si... 48 h avant ce rendez-vous, il fallait que j'aille prendre des comprimés*[1] *pour commencer à préparer le travail de maturation du col, en fait, pour commencer à tuer Nicolas...* »

Puis son mari et elle sont rentrés à la maison sans plus aucun rêve dans leur tête, juste leur tristesse au fond de l'âme et pourtant Nicolas – c'est là qu'ils ont décidé de l'appeler Nicolas – bougeait « *comme pour exprimer quelque chose de cette vie qui allait bientôt être ôtée de mon ventre* » me dit Claudine. Elle me partage ce sentiment indescriptible du début de sa grossesse d'avoir ressenti au fond d'elle-même combien elle allait enfin devenir une « *vraie maman* » avec un « *vrai enfant* » et puis d'un coup, « *avec cette massue qui me tombait sur la tête* », de croire que plus jamais elle ne serait capable de « *ça* ». Tous les projets s'effondraient et dans le même temps chez elle, Claudine s'acharnait sur une pelote de laine pour terminer à tout prix une petite paire de chaussettes qu'elle avait commencée pour Nicolas... frappant à sa porte, l'absurde s'installait dans l'ambivalence de son âme en détresse. Elle se sentait honteuse et faible de ne pouvoir aller plus loin. Elle ne pensait qu'à son chagrin de devoir tout arrêter là mais aussi à la souffrance de Nicolas qu'elle ne pouvait pas supporter, qu'il lui fallait stopper. Un coup de tonnerre l'a réveillée la nuit qui a précédé sa rentrée à l'hôpital, « *j'ai pensé à Nicolas, à sa dernière nuit avec moi, je me suis sentie traître, je n'osais plus toucher mon ventre tellement j'avais honte de l'abandonner ainsi, seul, sans même avoir essayé de le défendre !* ».

« *À la clinique, tout s'est mal passé du début à la fin, ils m'ont fait attendre au milieu des gros ventres et puis j'ai eu finalement une chambre au beau milieu de la maternité ; seule quand même, heureusement. Toutes les infirmières m'évitaient, je voyais bien que personne n'avait envie de rentrer dans ma chambre ; c'est comme si j'avais eu la peste et que j'étais en quarantaine. On ne se bousculait pas pour venir me demander si j'avais besoin de quelque chose. C'est vrai que je n'avais besoin de rien d'ailleurs, sinon de rester seule avec Nicolas encore vivant à l'intérieur de moi.* » Personne non plus n'avait approché Claudine pour lui dire qu'elle allait « accoucher » de son bébé ; que quand bien

1. RU 486, dite « pilule abortive », donnée en cas d'IMG 48h avant l'intervention.

même il serait mort quand il sortirait de son ventre, quand bien même elle n'était enceinte que d'un peu moins de six mois, il s'agissait bien pour autant d'un véritable accouchement. *« C'est au fil de la journée, en attendant le déclenchement des contractions que j'ai compris toute seule qu'on n'allait pas me l'enlever comme ça, pfuitt, et puis c'est fini ! »*.

Au réveil de Claudine, Nicolas avait disparu. Elle n'a pas pu le voir, ni tenir son corps, ni lui dire au revoir, encore moins organiser des funérailles... alors elle ne sort pas de son chaos, ni de sa colère, ni de son amertume, dit qu'elle ne pardonnera jamais aux médecins la manière dont tout cela s'est passé. *« Ils m'ont volé mon fils et mon histoire, je ne sais pas où est Nicolas et je crois devenir folle, je souffre et tout le monde me dit d'oublier et d'en refaire un autre ! »*. Claudine est en but à cette impasse psychique de devoir faire son deuil de « rien ». Elle erre dans les dédales d'elle-même à la recherche de son bébé « perdu ».

Laurent – Mort *in utero* d'Emmanuel à 6 mois 1/2 de grossesse

Juste après la mort de son bébé, Laurent vient me voir. Il n'accepte pas cette disparition, il souffre terriblement et il ne voit pas comment il va surmonter ce drame. Il ne supporte pas que la mort d'Emmanuel soit passée sous silence à ce point, l'injustice lui semble insurmontable.

Laurent a 33 ans, il est français, a épousé une femme étrangère qu'il a rencontrée lors d'un détachement professionnel. Ils se sont mariés à l'étranger. Puis ils ont obtenus tous les deux leur mutation en France un an après leur mariage et sont venus habiter en région parisienne. La femme de Laurent n'avait jamais vécu en France mais elle parle cependant très bien le français. Leur mode de vie est à présent très différent, ils ont un petit peu de mal à s'acclimater, Laurent est donc très attentif aux besoins de sa femme, plus déracinée que lui, dit-il. Il l'entoure beaucoup affectivement, lui portant davantage attention à elle qu'il ne s'en porte à lui-même.

La mère de Laurent se mêle beaucoup de toutes les situations du couple, elle est assez possessive et *« a profité de notre retour pour proposer un peu trop son aide de manière envahissante. Elle a encore du mal à comprendre qu'elle n'a pas récupéré son petit ange pour elle... j'essaie vraiment de la tenir à distance de nos affaires familiales »*. Le père de Laurent quant à lui est plutôt effacé et discret. Laurent lui-même apparaît comme un garçon plutôt timide, voire introverti mais animé d'un grand volontarisme.

Peu de temps après qu'ils soient rentrés en France, sa femme est enceinte de leur premier enfant. Tous les deux désiraient vivement cette grossesse, *« fruit de leur amour »*, Laurent est alors fou de joie et se projette très vite dans son rôle paternel, se voyant déjà avec son fils – car il est dès le début persuadé que c'est un garçon – dans tout un tas de situations. Ce bébé, ils n'arrêtaient pas d'en parler et surtout, Laurent posait beaucoup de questions à sa femme sur ce qu'elle ressentait et comment c'était au dedans d'elle. Tous les soirs en rentrant, il lui demandait par exemple de s'asseoir un moment pour qu'il puisse *« écouter l'eau qui bouge dans son ventre »*. Il posait alors son oreille sur le ventre et le stimulait légèrement avec la main. Il me raconte ce *« rituel »* avec les yeux humides d'une émotion de tendresse. Sa femme également *« sentait »* que c'était un garçon, ils avaient donc très tôt décidé de l'appeler Emmanuel.

La grossesse s'était déroulée sans souci apparent, les visites à la maternité confirmaient chaque fois la bonne santé de la mère et de l'enfant et Laurent dorlotait toujours plus son épouse *« pour prendre soin de la merveille qu'elle portait en elle »*. Il y avait là pour lui un tel mystère qui se façonnait, à la fois grâce à lui et en même temps tellement *« hors de lui »*. Il reconnaissait qu'il en avait parfois été jaloux, l'espace d'un instant. Il était très curieux de savoir comment Emmanuel et elle pouvaient « communiquer ». Il ne comprenait pas grand chose à ses réponses, tout cela lui échappait finalement beaucoup. Dès qu'ils ont pu savoir le sexe, ils l'ont demandé et ils ont eu confirmation : c'était bien un garçon ! De quoi venir renforcer chez Laurent son appui sur un résidu de pensée magique d'enfant.

Au dehors, à son travail ou avec les amis et la famille, Laurent se rendait compte à présent qu'il avait grandement caché ses véritables émotions quant à cet événement. Il avait marqué comme une distance avec lui-même, une retenue, *« mes collègues m'auraient pris pour un fou si je leur avais parlé de mon petit rituel du soir, ou ils auraient ri gentiment, je ne sais pas... et puis de toute façon, je n'avais pas envie de leur dire ça ! C'était à nous, c'est tout. Ma femme, elle, je crois qu'elle parlait plus volontiers de plein de trucs avec ses copines, c'est normal, c'est une femme. »* Laurent aime me raconter des petites anecdotes, comme le fait qu'Emmanuel, à ses heures, *« galopait »* beaucoup dans le ventre de sa mère, ce qui avait pour conséquence de l'amuser énormément. Il *« savait »* alors qu'il allait plus tard faire du cheval avec son fils et cette image le remplissait de bonheur.

C'est à partir de ce moment de son récit que Laurent se renferme sur lui, bégaye presque, trouve difficilement ses mots. La peau de son visage devient rouge par grosses plaques éparses. *« On a été très mal suivis à partir du moment où ça s'est compliqué, on ne nous a pratiquement rien dit à l'hôpital ! Quand on est arrivés, Emmanuel était déjà mort, mais ça, on ne le savait pas encore à ce moment-là... Ils m'ont fait attendre plus d'une heure et demie, tout seul, sans aucune explication et ma femme aussi était toute seule, je savais qu'elle pleurait et je ne pouvais même pas être avec elle ! »*. Ils étaient à la clinique pour la visite classique du 6e mois, routine, mais tout a basculé subitement, ils ont emmené la femme de Laurent trop rapidement pour qu'il ait le temps de comprendre ce qui se passait. *« On vous la ramène bientôt »*... ! Laurent a tout imaginé, sauf le pire qui lui est tombé dessus : Emmanuel était mort, personne ne comprenait pourquoi mais il était mort et il fallait à présent qu'il naisse par les voies naturelles, c'est tout ce qu'on lui a dit. Il s'est vu mourir de chagrin en quelques secondes, il s'est effondré en pleurs et puis très vite il s'est repris en pensant que sa femme avait plus que jamais besoin de lui et que *« ça n'était pas le moment de flancher ! »*. Il était revenu près d'elle, elle ne pouvait pas s'arrêter de pleurer et il souffrait encore plus de la voir ainsi et de ne pas pouvoir *« lui rendre Emmanuel »*. Puis il a fallu qu'il attende, seul encore pendant la phase de l'expulsion du bébé parce que les pères n'ont pas le droit d'être dans la salle d'accouchement à ce moment-là, lui avait-on dit. « *Pourtant si Emmanuel était né vivant, j'aurais assisté à sa naissance, j'aurais été là avec elle et avec lui, pourquoi ils ne m'ont pas laissé être là ?* » Laurent ne se remettait pas de ce morceau de vie avec son fils qu'on lui avait volé. Il a pu voir Emmanuel après l'accouchement et il me partage avec émotion que c'est un des plus beaux moments de sa vie en même temps certainement que sa plus grande tristesse jusqu'à aujourd'hui. Il lui fallait ce face-à-face pour « *vérifier qu'Emmanuel était normal et puis aussi pour faire connaissance avec lui, d'une certaine façon* ».

L'autopsie est en cours lorsque Laurent vient me voir la première fois. Il a besoin de savoir ce qui s'est passé, il attend les résultats, très inquiet pour l'avenir. En même temps, il ne comprend finalement pas pourquoi, mais il se sent à présent « *beaucoup moins papa* » d'Emmanuel et cela pose parfois problème avec son épouse qui ne comprend pas, elle, de son côté, ce qu'elle prend pour de l'éloignement et de l'indifférence. Elle lui dit qu'il souffre moins qu'elle, ce qui semble à Laurent là encore terriblement injuste : « *je souffre autrement, voilà tout* ».

L'obstétricien a dit qu'ils ne pourraient pas rependre le corps après l'autopsie, qu'ils ne pourraient pas non plus déclarer Emmanuel à l'état civil, la grossesse n'était pas assez avancée pour cela. Au début, Laurent pense que « *maintenant qu'Emmanuel est mort, rien ne pourra arranger ça, le reste n'a pas d'importance* ». Mais il découvre de quelle manière les textes officiels nomment les fœtus jusqu'au seuil du septième mois de grossesse[1] à l'époque. Chaque jour qui passe lui semble alors de plus en plus intolérable par rapport à cette négation.

Au moment de la mort d'Emmanuel, la loi est en train de changer pour abaisser de 180 jours de grossesse à 22 SA le seuil de reconnaissance à l'état civil d'un enfant mort-né, afin de s'accorder avec le seuil de viabilité d'un être humain déclaré par l'O.M.S.[2]. Emmanuel

1. « Rien » ; « déchet humain » ; « produit innommé ». Voir le chapitre « Les problématiques parentales attachées au deuil périnatal / le déni juridique de l'existence du bébé mort trop prématurément ».

2. O.M.S. : Organisation Mondiale de la Santé. En 1977, donne comme recommandation d'établir la limite basse de viabilité à 22 SA ou à un poids de 500 grammes, ceci à l'exclusion de tout autre critère, en particulier les malformations. La France entérine cette recommandation par la circulaire n°50 du 22 juillet 1993.

fait partie des cas concernés par les nouvelles mesures mais il est né avant la mise en application officielle des nouvelles dispositions. Laurent décide alors de se battre pendant des mois pour finalement obtenir gain de cause auprès de l'administration judiciaire. Emmanuel sera reconnu, inscrit sur son livret de famille, et sa femme et lui pourront lui organiser un véritable adieu avant qu'il ne soit crématisé[1]. Pendant ces mois, nous travaillerons ensemble et Laurent pourra redécouvrir la force de son sentiment de paternité avant d'accepter de regarder les résonances de ce deuil avec sa propre histoire.

Christine – Interruption médicale de grossesse de Clémence à 4 mois

Lorsqu'elle vient me voir, Christine me dit qu'elle sait qu'elle ne pourra pas sortir seule de la détresse dans laquelle l'a plongée la mort de son bébé le mois dernier et de la chape de silence qui s'est abattue sur la famille à son sujet. C'est pourquoi elle fait cette démarche de demande d'aide tout de suite après : « *Je sais que j'ai besoin de quelqu'un, je ne ferai pas ce deuil toute seule* ». Christine a 22 ans, est emploi-jeune dans un lycée, elle est mariée depuis un peu plus d'un an et n'a pas d'autres enfants.

Christine est une jeune femme blonde, de taille moyenne, au corps très harmonieux. Je sens cependant instantanément chez elle comme une coupure non visible au niveau du bassin avec le bas du corps hypertrophié. Quand je la vois lors de notre première rencontre, elle m'évoque immédiatement, en me référant aux structures caractérielles de W. Reich[2], une structure « rigide ». Je ne peux pas non plus ne pas remarquer, tant elle l'expose, une bouche extrêmement dévelop-

1. Terme réservé aux êtres humains par opposition à « incinéré » qui concerne les déchets. Il faut rapprocher le verbe « crématiser », non encore installé dans le langage habituel, du substantif courant « crémation ».

2. Reich W., *L'analyse caractérielle*, Paris, Science de l'homme Payot, 1996. Reich peut être considéré comme le père de la psychanalyse dite corporelle.

pée et mobile, dont elle joue énormément tout en parlant et qui n'est pas sans me faire penser cette fois à une structure « orale ».

Elle commence à me raconter : *« Pour ce bébé, tout était prévu, attendu, il arrivait vraiment au bon moment »... « Tout se passait bien ; la grossesse était vraiment super, pas malade, rien, je ne vomissais même pas, bref, c'était idyllique et je n'avais aucune raison de m'inquiéter. »* Christine insiste beaucoup, sans que je sache tout d'abord pourquoi, sur « cette » grossesse, « ce » bébé, emploie également beaucoup de formes adverbiales qui semblent différencier cet événement-là d'un autre de même nature mais dont elle ne parle aucunement au début. Elle sourit beaucoup tout en parlant de son malheur, sa bouche toujours en jeu.

La première échographie s'était déroulée très sereinement, tous les indicateurs habituels de l'évolution positive d'une grossesse semblaient être présents et Christine était repartie chez elle tout à fait rassurée après cet examen de routine. De nombreuses fois elle revient sur le fait qu'elle et son mari surtout, étaient vraiment prêts « cette fois-ci ». Elle emploie beaucoup le mot « horreur » en le répétant souvent dans ses récits : *« ça a été l'horreur absolue » ; « pour moi, l'horreur n'aurait pas pu être pire » ; « vous n'imaginez pas l'horreur » ; « cette horreur-là est gravée à jamais »...* Elle l'associe en particulier énormément à cette autre échographie qu'elle a faite où la malformation probable du bébé a été repérée pour la première fois. Christine déroule avec de forts accents de colère masqués toujours par son sourire, l'immensité de son chagrin face à cette annonce. Un prélèvement a dû être fait pour confirmer la nature de la malformation et sa gravité. Il a fallu attendre interminablement les résultats et vivre *« l'horreur de devoir imaginer la mort, la fin, le néant, ou pire, la vie grandement handicapée, le regard des autres, la torture mentale et le cœur à vif d'évaluer sans cesse l'attitude de ces autres, justement, envers son enfant, la fausse compassion qui tourne en pitié, la solitude, l'isolement... je n'aurais jamais pu... ».* C'est à cause de tout cela, me dit-elle, qu'elle acquiesce finalement à l'IMG proposée par les médecins. Elle pleure et pour la première fois son sourire s'efface pour laisser place aux sanglots qui transportent ces mots, *« horribles »* encore, comme elle les qualifie : *« C'est moi qui ait tué mon enfant, pour moi c'est un crime, c'est moi la tueuse ».*

« Il y a eu cette prise de comprimés 48 h avant, épouvantable ! » mais Christine m'explique que tout le monde dans la clinique a été très à son écoute. Elle a été très rassurée par les explications qu'on lui a données sur le déroulement de l'accouchement. *« Les infirmières et les sages-femmes, vraiment tout le monde était adorable avec moi, le médecin aussi ; ils étaient là et ils ne fuyaient pas devant moi et ma douleur, c'était réconfortant vous savez, ils ont été chouettes et ça m'a permis d'être un peu plus détendue lorsqu'il a fallu que j'avale ces foutus comprimés qui allaient faire mourir mon bébé. C'est moi qui ait dû les avaler bien sûr, c'est moi qui lui ait donné la mort et je me souviendrai toujours de ce moment où je les tenais dans ma main et où je ne pouvais pas la porter à ma bouche ! »* Christine me raconte qu'elle a vomi ensuite, presque instantanément et qu'il a fallu recommencer encore une fois. En relatant la souffrance de cet instant, elle fait spontanément le lien avec une anorexie mentale déclarée dans son adolescence et pour laquelle elle a déjà été soignée en thérapie. Mais elle dit n'en avoir pas réellement fini avec cette histoire « ancienne ».

Christine revient beaucoup sur la grande sollicitude et la vraie présence du personnel soignant lors de son hospitalisation. Elle me raconte plusieurs fois le réconfort qu'elle a pu en tirer pour faire face à son immense chagrin et à son *« horrible »* sentiment de culpabilité. Elle évoque le fait que la sage-femme lui avait préalablement proposé de voir son bébé mais elle n'a pas voulu, ne souhaitant pas voir un bébé qu'elle avait tué elle-même et qui ne rentrerait finalement jamais dans sa vie. Pour les mêmes raisons, elle n'a pas cru bon de lui donner un prénom comme on le lui avait suggéré, avec tact et liberté, me dit-elle. Aujourd'hui elle regrette tout ça, dit *« qu'elle est comme devant un grand écran tout blanc sur lequel elle attendrait la projection d'un film qui n'arriverait jamais »*, et pense qu'il est trop tard pour rattraper tout ce qu'elle a de toute façon loupé. D'un récit à l'autre, d'une évocation à une autre, elle pourra finalement libérer ce qu'elle ne pouvait pas dire immédiatement : son interruption médicale de grossesse résonnait avec une IVG[1] pratiquée au début de son mariage alors que son mari n'était pas du tout prêt encore à avoir un enfant : « *Mon mari*

1. IVG : Interruption Volontaire de Grossesse, légalement autorisée en France jusqu'à 12 semaines.

n'était pas prêt à avoir un bébé à l'époque et moi je ne sais pas, on était jeunes, je me suis dit qu'on en aurait d'autres et voilà tout... »

Pour Christine, la problématique face à l'enfant à naître s'inscrit inconsciemment dans le même axe que l'anorexie de son adolescence. Son corps narcissique ne peut garder et rejette avec violence l'objet d'un désir coupable, l'enfant incestueux du père volé à la mère. Installation ici pour elle d'une identification au sentiment de culpabilité. Sa fixation préœdipienne ne lui autorise pas de désirer jusqu'au bout l'enfant. La mise en place œdipienne n'a en effet pas pu se faire correctement chez elle compte tenu d'une mère « horriblement » possessive et du sentiment très précoce d'avoir été « abandonnée » par son père aux griffes de cette mère. Elle est toujours en recherche d'identification féminine, dont l'anorexie sera la manifestation principale dans son adolescence et qui se répète pleinement dans son impossibilité à accéder à une fonction maternelle aboutie jusqu'à aujourd'hui.

En effet, la mort périnatale qui touche Christine aujourd'hui n'est que le prolongement de la problématique déjà rejouée par son avortement deux ans auparavant, réactualisation pour elle de la dépendance du lien à la mère au travers des habituelles régressions archaïques de la grossesse : « *Dans le problème de l'identification à la mère se joue le destin de la fille, et de cette identification conflictuelle caractérisée par l'ambivalence de l'amour et de la haine envers la mère dépend l'accession à la maternité. [...] Autour de la régression imposée par la grossesse, l'avortement qui lui succède maintient la femme dans cette régression ; il n'y a pas de dépassement par l'ouverture au futur enfant. Cette maternité « à l'envers » n'est en fait que l'expression d'un attachement à la mère qui subsiste dans son sens le plus primitif, c'est-à-dire une incapacité à maintenir une distance viable qui conduirait à l'indépendance et à l'autonomie psychique où la maternité pourrait prendre place. [...] L'avortement participe à créer une sorte de cercle infernal conduisant à l'enfermement de la fille sur elle-même, à une position de repli de petite fille démunie et dévalorisée face à une mère ressentie comme toute-puissante et ne débouchant pas vers une conduite de vie et d'ouverture au réel.* »[1]

1. Tamian-Kunégel I., *L'avortement et le lien maternel, une autre écoute de l'interruption volontaire de grossesse*, Lyon, Chronique Sociale, Collection Comprendre les personnes, avril 2002, pp. 127 et 128.

Isabelle Tamian-Kunégel mentionne en outre en concluant son ouvrage, qu'elle laisse à ce propos en suspens des questions qui d'après son expérience d'écoute pourraient se situer dans le champ d'une sorte de fantasme d'auto-engendrement qui semble être présent chez les femmes qui avortent. Cet aspect en effet m'apparaîtra par la suite très prégnant chez Christine ; ce qui n'est pas sans aller avec cet autre fantasme, ancré dans l'anorexie mentale, d'une sorte de toute-puissance vitale qui dénie la mort malgré la privation de nourriture et qui s'interpose en force par le contrôle face à la toute-puissance de la mère.

En outre naissance et mort sont bien les deux pôles d'abîmes qui ont précédé Christine dans les générations antérieures et dont elle porte inconsciemment le poids, rendu de ce fait pathologique pour elle. Son chemin de deuil sera un chemin d'individuation vis-à-vis de ses ancêtres. Aussi *« il faudra longtemps pour que le corps possédé par ses fantômes et ses ombres retrouve sa propre histoire. »*[1]

• • •

1. Valentin S., *Séduction dans et de l'avortement*, cité par Tamian-Kunégel I., *L'avortement et le lien maternel, une autre écoute de l'interruption volontaire de grossesse*, op.cit., p. 128.

LES PROBLÉMATIQUES PARENTALES ATTACHÉES AU DEUIL PÉRINATAL

Toute vie achevée est une vie accomplie.
De même qu'une goutte d'eau contient déjà l'océan,
Les vies minuscules, avec leurs débuts si brefs,
Leur infirme zénith,
Leur fin rapide,
N'ont pas moins de sens que les longs parcours.
Il faut seulement se pencher un peu pour les voir
Et les agrandir pour les raconter.

F. Chandernagor

La mort des parents, c'est la perte du passé.
La mort d'un enfant, c'est la perte de l'avenir.

Proverbe chinois

« Un livre est l'œuvre de tous ceux qui ont contribué au développement des idées de son auteur »[1]. Il y a eu, dans le monde de la santé en Europe, tous les pionniers[2] de la première heure qui ont œuvré à cœur ouvert et à corps défendant pour que le décès périnatal sorte de l'ombre où le déni l'avait plongé depuis trop longtemps. Ainsi la paternité de ce que je développe[3] ici leur revient-elle de fait. C'est en effet à partir de leur écoute respectueuse et attentive des mamans et des familles, au-delà de ce que l'on voulait bien « savoir » jusque-là dans les services de maternité, que les premières pierres d'un accompagnement plus adapté à la détresse parentale ont pu être mises en place à l'hôpital. Non sans mal et sans résistances de toutes sortes. Mon éclairage aujourd'hui, mes interprétations personnelles à la lumière de ma propre expérience d'écoute, s'inscrivent pleinement dans leur sillage.

Quand la mort survient « dans » la mère

Pouvoir engager un processus de deuil suppose en particulier une séparation nette entre le mort et les vivants qui restent. Pour difficile qu'elle soit, c'est cependant cette séparation appréhendée comme telle qui va introduire petit à petit à la réalité de la perte et donc au désinvestissement progressif du disparu tel qu'il était avant sa mort. Ceci représente tout l'enjeu du « travail » de deuil. Or on le perçoit bien au travers de toutes les paroles recueillies, la séparation nécessaire est ici psychologiquement compliquée car elle repose, en plus des éléments communs à toute autre perte, sur une séparation charnelle d'entre la mère et l'enfant qui ne va pas de soi. Dans la plupart des cas

1. Servan-Schreiber D., *Guérir*, Paris, Robert Laffont S.A., 2003, p. 251.

2. Voir les auteurs mentionnés en bibliographie et notes de bas de page tout au long de l'ouvrage.

3. Tissé à partir des expériences pionnières citées au commencement du chapitre, des rencontres cliniques de l'auteur depuis 1998 et de l'approche de la naissance du Dr Christophe Massin, psychiatre. Aménagé à partir de Haussaire-Niquet C., « Le suivi de deuil lors d'un décès périnatal », in collectif : *Accompagner des personnes en deuil*, Paris, érès, 2003, pp. 67 à 87, nous remercions l'éditeur d'en avoir autorisé l'utilisation.

en effet, pour la mère, la mort de l'autre, le bébé, survient au sein même de sa propre chair. D'une part les espaces sont alors irrépréssiblement confus entre l'enfant mort et sa mère et d'autre part la mort n'est ici aucunement dissociable d'une véritable perte d'une partie de soi, au plan psychique comme au plan physique. Cette épreuve s'accompagne en effet bien souvent d'une souffrance dans le corps de la femme qui s'étend au-delà de l'accouchement lui-même ; *« douleur qui pourrait s'apparenter par exemple à la douleur des membres fantômes qui suit parfois une amputation ; comme cette douleur d'un membre qui n'est plus, comme l'élimination d'une pathologie inaccessible aux soins »*[1]. Une souffrance mélancoliforme[2], chargée d'une ambivalence qui ajoute à la souffrance de la perte de l'être attendu et déjà cher. J'insiste sur le fait qu'il ne s'agit nullement ici d'évoquer une souffrance « éthique » ou « philosophique » sur l'arrêt de vie en cours de gestation mais bien de parler d'une souffrance inexplicable et injustifiable, archaïquement maternelle. En effet, là où la femme est habituellement « programmée » en sa chair pour donner la vie, elle va devoir accoucher d'un bébé mort ou qui va mourir contre toute attente dès la naissance. Son univers fantasmatique n'échappe pas à l'épouvante d'avoir alors « donné la mort » au lieu de la vie. Seule l'absence de repères et de sens commun vient faire écho à son corps meurtri qui s'est désempli de sa substance vitale pour engendrer cette mort. En la circonstance, le vide du dedans, finalité normale de tout accouchement, est aussi le vide du dehors, définitif et brutal, sans matérialisation possible. Ainsi la mort survient dans l'histoire de la femme comme une véritable effraction traumatique. Car que se passe-t-il lorsque le bébé psychiquement intensément investi se dérobe soudainement à la finalité habituellement attendue dans la grossesse ? En plus des paroles déjà citées dans la présentation des rencontres, on pourra également noter celles-ci :

---

1. Legros J.P., « Ces fœtus qui ne font pas la loi », in *L'euthanasie fœtale*, Etudes sur la mort, n°hors série, 1999, p. 63.

2. Golse B., « À propos des interruptions de grossesse, deuil (du fœtus) ou mélancolie », in *Le Carnet PSY*, juin 2002, pp. 24 et 25.

Claudine, particulièrement touchée par ces problématiques de l'arrachement intérieur et des fantasmes morbides, après son accouchement emploiera des phrases tout à fait révélatrices de sa confusion et de son trouble : *« C'est comme si on m'avait arraché un bout de ma vie... Nicolas, ils me l'ont enlevé, volé et j'avais ce vide, comme si je venais d'être amputée d'un morceau de moi... mais je le sentais encore bouger en moi, je le sens encore quelque fois, c'est comme un souvenir absolument hallucinant. » « Je ne peux pas me séparer de lui, il est toujours à me donner des petits coups. » « J'aurais voulu mourir avec lui, de toute façon, il ne me restait rien de vivant, et puis c'est bien moi qui lui avait donné la mort... dans une maternité... accoucher, mais pour donner la mort, il y a de quoi devenir folle ! »*

Evira, elle aussi emploiera des mots aux mêmes résonances : *« Je m'étais vidée de Charlaine mais curieusement, je ne me sentais pas vraiment vide d'elle, c'est comme si elle m'avait toujours habitée. » « J'étais absente de mon corps, tout ça se déroulait sans que ça me concerne vraiment de toute façon. » « Après l'avoir portée vivante tout ce temps, je voulais la garder morte à l'intérieur de moi, j'en avais bien le droit ! » « Et puis d'être dans cette chambre, là comme ça, sans berceau, les bras vides, c'était vraiment trop dur... il y avait mon ventre tout creux mais pas de bébé devant moi pour expliquer ce creux... je n'arrêtais pas de me dire que je devais avoir rêvé ! »*

Christine, on l'a vu, me dit clairement cette terrible sensation de donner la mort à son enfant au lieu de la vie. Elle mentionnera aussi à propos de cette souffrance archaïque pourtant indicible : *« Mon mal, là, au dedans, je ne pouvais l'expliquer à personne, ils ne comprenaient pas et moi non plus d'ailleurs... ce que c'est de sentir qu'on va vous arracher tout un morceau de votre ventre à l'intérieur très loin... »*

La mère est plongée dans un deuil à double détente : tourné d'une part vers son ventre, symbole de sa maternité potentielle, qui la renvoie à ce « *quelque chose d'impalpable d'elle-même qui immanquablement disparaît dans cette mort au seuil d'un « devenir-mère »*[1] interrompu en plein élan et d'autre part vers l'autre tout entier qui a déjà pris forme en elle et dont il faut effectivement se séparer comme d'un autre véritable avant même qu'il ne soit devenu une complète altérité. Comment

1. Legros J.-P., *Ces fœtus qui ne font pas la loi*, op.cit., p. 63.

en effet, celui qui est encore bien souvent intimement mêlé à l'intérieur de soi peut-il simultanément être cet autre qui suppose séparation d'avec soi ? Et comment la mère peut-elle articuler dans sa représentation psychique cette frontière entre le territoire du mort et celui du vivant, indispensable au travail du deuil, alors que presque toutes expriment à un moment ou à un autre lorsque leur bébé est mort avant la naissance, leur impression d'être devenues la « tombe » de celui-ci ?

Evira dira cet effroi de se sentir avec la mort en soi, dans l'ambivalence de vouloir à la fois garder et rejeter cette présence aimée et dérangeante : « *Charlaine était là, morte, elle reposait dans mon ventre et c'était terrible parce que jusqu'à l'accouchement j'avais l'impression d'être comme une tombe pour elle... je me disais qu'elle était bien finalement là... on était bien toutes les deux ensemble, même avec elle morte ! Elle nageait, un peu comme un gros poisson maladroit à qui sa maman n'aurait pas encore eu le temps d'apprendre... Oh, j'aurais tellement voulu qu'elle reste là et en même temps c'était si difficile !* »

Claudine : « *J'étais sur le point de devenir maman... et maintenant, je suis quoi ?* » « *Je ne sais pas ce qui est le plus terrible aujourd'hui, si c'est d'avoir perdu Nicolas ou de me dire que je ne serai jamais capable d'être maman un jour !* »

Christine : « *Pendant ces 48 heures où j'ai dû attendre de retourner à la clinique sans savoir s'il était mort ou vivant, je n'arrêtais pas de penser que j'étais peut-être déjà une tombe ambulante et que finalement, puisque j'avais si peur du regard des autres au dehors, je pouvais bien le garder là en moi, même mort... et pourtant j'avais aussi tellement envie de m'en débarrasser le plus vite possible !* »

Il sera essentiel à ce niveau d'aider les femmes à bien matérialiser comme pleinement « autre » en le symbolisant comme tel au cours des entretiens, celui dont elles doivent résolument se séparer afin de pouvoir se projeter dans la réalité de sa mort. Lui donner ce prénom qui est le sien, lui conférer une existence, reconstituer les traces de son passage, le visualiser, lui faire « prendre forme » et ritualiser son départ par autant d'approches que j'évoquerai plus loin[1] vont aider à

1. Voir le chapitre « Une voie vers le Soi, un chemin pour le deuil ».

installer le bébé en tant que tel dans la représentation psychique de la mère et aussi du père.

Il est en outre extrêmement important d'être à l'écoute des doutes profonds exprimés par la quasi totalité des femmes, à l'instar de Claudine, sur leur capacité ultérieure à « refaire » de la vie là où la mort est venue s'installer par effraction. Chaque femme aura à inventer ou ré-inventer une nouvelle assurance de sa « capacité » fondamentale à engendrer pour elle-même ce somme toute très intime et très mystérieux « devenir-mère » ; comme en écho à ce non moins mystérieux « devenir-père » qui se décline, lui, sur une appropriation toute différente.

L'absence de vie sociale partagée et le manque de traces du disparu

L'élaboration de tout deuil se fait, après la mort, en opérant une sorte de reconstitution intérieure à partir des traces habituellement laissées par le disparu au cours de sa vie. Or avec le décès en période périnatale, la présence au sens habituel du terme n'a justement pas existé. Il n'y a pas eu de vie partagée au dehors avec le disparu – ou si peu et jamais à la maison –, pas de liens concrets, visibles, ostensibles, pas de regards échangés, de rires et de peines traversées, pas de traces évidentes ou suffisamment connues de tous. Pour les parents, et malgré les précieux échanges du vécu de la grossesse, à l'insupportable absence qui s'ancre communément dans la mort, s'amarre de surcroît pour eux cette absence de souvenirs tangibles pour accrocher la mémoire. L'absence de passé, seule, répond à cette absence d'avenir qui taraude l'âme et le corps au quotidien. Comment sortir en effet de ce paradoxe qui fait que plus une vie sur terre a été longue et accomplie, plus il est possible, grâce aux traces réelles laissées par le disparu, de construire son deuil à partir de la présence passée ; mais à l'inverse, plus une vie a été courte – elle l'est d'autant plus qu'elle n'a pas eu le temps d'éclore – plus il est difficile d'engager son processus de deuil à partir de « rien » ? Les parents perdent cependant quelqu'un à part entière même si ce quelqu'un n'a pas eu le temps de vivre. Ils ne perdent certes pas cet habituel passé commun qui semble avoir seul valeur de reconnaissance sociale mais plutôt le potentiel de cet enfant s'il avait vécu, et toutes les projections faites sur lui, dans bien des cas dès sa conception. C'est pour eux l'effondrement de l'avenir dès avant le commencement du présent sans possibilité de dire leur détresse, leur chagrin, leur manque, sans issue de partage de leurs sentiments les plus déchirants, les plus ambivalents aussi.

Car il y a ces « consolations » trop vite dites, ces paroles maintes fois entendues et qui sont quasiment toujours rapportées au cours des rencontres : *« Allez, vous en referez un autre, vous êtes jeunes »* ou quelques jours seulement après l'accouchement : *« Ça va bien maintenant ? Il faut tourner la page et vite vous y remettre »*, ou encore : *« C'est beaucoup mieux comme ça, rendez-vous compte, le calvaire, s'il avait vécu ! »*... miroirs bien souvent d'un déni encore très ancré et de peurs archaïques qui viennent « prendre au ventre ». Alors éclate de surcroît pour les parents cette absence de légitimité « ordinaire » à éprouver les souffrances qui habitent communément un deuil.

Claudine et ***Christine*** en particulier, évoquent constamment cette difficulté à dire l'existence de leur enfant, si éphémère fut-elle : *« Personne ne connaît rien de Nicolas, on n'a rien à montrer, alors ils ont déjà oublié tout ce qui nous est arrivé. » « Le plus insupportable, c'est tout ce qu'on entend comme paroles idiotes de consolation. » « Mais qu'est-ce qu'ils croient, qu'il suffit de faire "review" en appuyant sur un bouton pour effacer et réenregistrer un morceau de vie qui nous conviendrait mieux ? Nicolas, ça n'était pas un rush de cinéma ni un morceau de cassette abîmé, c'était notre bébé ! » « On se demande parfois nous-même si on a pas rêvé tout ça... mais alors, on se demande pourquoi on souffre tant et on se demande forcément si on est normale ! » « Si seulement on pouvait regarder quelques photos maintenant, mais on n'a rien de ce bébé. » « Ne pas l'avoir vu, ne pas l'avoir tenu, c'est terrible, je ne peux pas revenir là-dessus et j'ai l'impression que je reste accrochée à ce manque, que j'y resterai toujours ! » « Personne ne comprend, pendant les réunions de famille, je n'ai surtout pas le droit de souffrir et de mettre en évidence que je ne vais toujours pas bien, ça dérange tout le monde. »*

Laurent dira également : *« Tout de suite après, ma belle-mère m'a dit qu'il fallait que je pense à l'avenir maintenant, que je tourne la page, mais d'avenir, je n'en ai plus moi, c'est ça qu'elle ne veut pas comprendre ! » « Devoir abandonner tout ce que j'avais imaginé avec lui, c'est ça qui est le plus dur ! » « J'ai été arrêté net dans mon élan et à présent, je ne sais plus à quelle image, à quelle sensation me raccrocher, on nous a tout pris jusqu'à nos rêves. ».*

Evira : *« Mon plus grand manque, ça a été de rentrer à la maison sans bébé dans les bras. » « Ça soulage vraiment quand quelqu'un d'extérieur à notre couple reconnaît son existence, on nous a comme volé notre histoire une première fois au moment de sa mort et on nous l'enlève une seconde fois en faisant comme si elle n'avait pas de valeur. »*

S'attacher alors à reconstituer les souvenirs, à tisser la trame de l'existence là où la trace a été perdue ; refaire les gestes, redire les mots, recomposer les attitudes, retrouver le fil, installer, objectiver l'événement ; renouer avec les émotions, les ressentis, les sensations du corps ; et ainsi se réapproprier la mémoire du lien, construire à la place du vide une vraie place d'enfant et une vraie place de parents, donner une légitimité à la souffrance psychique à partir de la perte d'un objet d'amour effectivement reconnu comme tel.

Le déni juridique de l'existence du bébé mort trop prématurément

Dans bien des cas de décès périnatal, et malgré les évolutions légales que j'évoquais plus haut, s'ajoute au traumatisme de la mort elle-même le poids d'une législation, certes assouplie, mais encore inadaptée à la détresse de certains parents. En effet, le bébé qui meurt en cours de grossesse[1] avant 22 SA, à peine sorti du ventre déjà en deuil de sa mère, se voit attribuer la qualification de « rien », « déchet humain », « produit innommé ». Ces enfants n'ont aucune existence juridique. Il n'est pas possible de les déclarer à l'état civil, ni de leur donner officiellement un prénom, impossible également de les

1. Que la mort soit spontanée (FC) ou volontaire (IMG).

inscrire sur le livret de famille parental. Leur mort est passée sous silence, elle est vouée à l'injonction insensée de l'oubli ou de l'effacement y compris par les intéressés eux-mêmes qui ne peuvent enregistrer normalement leur enfant dans la généalogie familiale. Ces bébés sont comme gommés de l'expérience humaine par la chair de laquelle ils sont pourtant passés. Disparus trop tôt pour avoir droit à la reconnaissance de leur qualité d'être humain mort, ils se dissolvent alors imperceptiblement dans le déni collectif de leur existence, passant comme par magie d'un statut hautement protégé quand ils vivent dans le ventre de leur mère à l'absurdité d'un non-statut, d'un non-être, du simple fait de leur mort. Les parents, quant à eux, se trouvent ainsi précipités dans cette impasse psychique qui consiste à devoir faire leur deuil de « rien ». Ainsi s'ancre davantage encore en eux cette menace si prégnante dans le deuil périnatal, la menace de l'oubli. Omniprésente, obsédante même, terrorisante parfois, toujours culpabilisante. Seuls face à leur exigence de souvenir, les parents s'installent dans un devoir absolu et immuable de mémoire qu'ils s'imposent à eux-mêmes et renvoient agressivement vers l'extérieur. Le fantasme de trahison de ce bébé que la société civile « tue une deuxième fois » en ne le reconnaissant pas ou partiellement, peut alors venir dangereusement prendre place dans l'imaginaire parental et bloquer le deuil dans ses phases très précoces de déni et de colère. L'univers psychique, emprisonné dans cette ambivalence du « non-existant » dont il faut pourtant se séparer, n'arrive pas à organiser la nécessaire distanciation d'avec l'objet du deuil. Et c'est ainsi qu'il n'est pas rare de voir revenir, souvent des années plus tard, ceux à qui l'on a prôné l'oubli ou l'effacement de ce « rien », pétris d'angoisses parfois incompréhensibles pour eux. Car c'est toujours là où il y a un blanc, un trou dans l'histoire, une inscription qui fait défaut que se constitue le manque, que le deuil achoppe ; c'est là qu'il se fige, se mure dans sa douleur et s'agrippe désespérément à l'exigence de reconnaissance.

Laurent, avant d'obtenir la reconnaissance d'Emmanuel, s'accrochait ainsi au blanc de la page de son livret de famille : *« Avant, j'étais fier de mon livret de famille, aujourd'hui, je ne peux plus le regarder...*

Emmanuel devrait y être et je ne comprends pas pourquoi l'enfant que j'ai tenu dans mes bras à la maternité, il n'a pas ce droit, c'est absurde ! » « *Et puis je ne peux pas supporter l'idée que le bébé qu'on aura ensuite, il soit inscrit sur la page d'Emmanuel... on leur vole à tous les deux leur place !* » « *La chaîne familiale, elle est cassée maintenant si la loi ne veut pas le reconnaître.* » « *La loi, qu'est-ce qu'elle connaît, elle, au deuil ? !* »

Evira : « *J'ai vécu un cauchemar lorsque je suis allée à l'état civil pour faire inscrire Charlaine... elle y avait droit mais personne ne semblait savoir vraiment comment s'y prendre avec un enfant comme ça et personne surtout ne voulait prendre le risque de faire un faux pas administratif, vous pensez ! Il a fallu remuer ciel et terre !* » « *Et quant au comptoir de la sécu, il a fallu que je déballe mon histoire au moins trois fois devant tout le monde, la queue au guichet et tout, ils ne comprenaient rien de rien, pourquoi donc je réclamais mon congé maternité alors qu'il n'y avait pas de bébé ? J'aurais voulu disparaître ! Pas moyen de s'isoler un peu, pas la moindre discrétion, je sentais ma gorge qui se nouait et l'envie de hurler ou de frapper, je ne savais plus, c'était vraiment épouvantable !* »

Claudine : « *Je le sentais bouger, c'était affreux parce qu'il était encore vivant et je savais qu'il allait bientôt mourir... quand ils me l'ont pris, il a été rayé de la carte.* » « *J'ai pourtant vécu tout ça dans ma chair, au plus profond de moi, je n'ai pas rêvé... qui sont-ils pour prétendre, eux, que ça n'était rien ?* » « *J'ai mis plus de dix-huit heures à accoucher de Nicolas... mais j'ouvre mon livret de famille et c'est comme si, oui, de fait, rien ne s'était passé pour nous, rien n'était arrivé, jamais !* » « *L'absence d'un lieu pour se souvenir, c'est une des choses qui me manque le plus cruellement aujourd'hui, je ne sais pas où aller voir Nicolas, enfin pour me recueillir, mettre des fleurs... c'est idiot parce que je n'ai jamais été très attachée aux cimetières avant ça, mais là, j'aurais tellement voulu qu'il ait des obsèques, ou au moins quelque chose qui me montre qu'on respectait son petit bout de vie à lui tout autant que les grands morceaux de vie que d'autres ont eu la chance d'avoir avant de mourir... de toute façon, il est perdu pour toujours puisqu'il n'a pas de lieu où reposer.* »

Christine quant à elle me confiait son désarroi aujourd'hui de n'avoir pas pu dire adieu à son bébé au cours d'une cérémonie : « *Je n'ai pas vraiment cru que c'était important tout ça, je pensais que j'allais vite oublier, comme pour l'avortement... où je le croyais aussi. Bien sûr j'aurais dû la voir mais je ne pouvais de toute façon pas reprendre son corps et maintenant,* *j'aimerais inviter mes amis et ma famille pour une messe peut-être, pour pouvoir leur dire ma tristesse et sûrement pour que mon deuil puisse avancer.* »

De ce déni juridique découle directement l'impossibilité à pouvoir disposer du corps de son bébé afin d'effectuer un rituel funéraire humanisant et d'offrir une sépulture à sa dépouille mortelle. Les rites, avec leur enracinement social et spirituel, sont pourtant essentiels. Ils ont entre autres pour fonction de rassembler autour de la souffrance qu'ils légitiment et de positionner les rôles de chacun, mort et vivants dans le but d'apaiser la vie psychique du sujet endeuillé. « *Un mort sans lieu est un mort errant, un mort qui n'est nulle part et partout.* » constate le sociologue Jean-Didier Urbain[1]. Pouvoir donner au fœtus une sépulture si la famille le souhaite, c'est lui offrir la dignité de pouvoir mourir en rendant hommage à son trop bref passage dans notre humanité. Mais donner une sépulture, c'est aussi contribuer à installer cette salutaire séparation pour le deuil d'entre les territoires du mort et des vivants. C'est en outre permettre d'ancrer le travail de deuil quelque part. C'est aussi matérialiser la réalité de la perte et participer à donner une existence à ces enfants étrangement « non nés ». Faute de quoi au fil du temps, même si la douleur devient moins lancinante, s'installe chez les parents comme une sensation omniprésente d'inachevé qui laisse pour toujours l'histoire en suspens[2]. La séparation d'avec celui qui est mort peut alors rester durablement culpabilisante, effrayante, insurmontable. Le souvenir a du mal à s'installer à sa place normale pour soulager le vide de l'absence. Le bébé revient sans cesse « hanter » de ses fantômes, cette brèche de confusion béante. Le deuil est difficile.

« *Reste alors pour celui qui survit la confrontation à l'insupportable d'une image qui s'estompe au point de devenir une évanescence spectrale. D'où la nécessité d'un rituel et d'un lieu d'assignation qui permet d'inscrire une mort dans le social. Condition minimum pour que notre incomplétude révélée par la mort*

1. Urbain J.-D., *L'archipel des morts*, Paris, Petite Bibliothèque Payot, nouvelle édition augmentée, 1998, p. 60.

2. Il faut ici tout particulièrement relever les initiatives de certaines équipes hospitalières qui, en lien avec les municipalités, ont eu le souci de rendre possible l'accueil dans les cimetières des corps d'enfants ne pouvant obtenir un acte d'état civil.

s'inscrive dans la généalogie de mortels, c'est-à-dire des vivants. L'absence d'un rituel, c'est aussi l'absence de conclusion sociale du deuil. Sans preuve tangible, sans signe de quelconque ordre qu'il soit, pas de deuil possible. »[1]

Les bébés morts *in utero* à partir de 22 SA et jusqu'au terme de la naissance, quant à eux, peuvent bénéficier d'une inscription à l'état civil sous la forme dite d'« acte d'enfant sans vie ». Avec cet acte unique, qui n'est ni un acte de naissance ni véritablement un acte de décès, ils peuvent être portés sur le livret de famille seulement en partie basse réservée au décès, la partie « naissance » restant vide. Dans ce cas, les parents seront confrontés à cette incohérence pour le moins troublante d'avoir eu un enfant mort qui n'est paradoxalement jamais né ! Mais au moins cette situation leur offre-t-elle la possibilité de donner le statut d'enfant symbolique à leur bébé mort qui peut ainsi venir s'inscrire dans le souvenir. Une telle inscription, en recevant l'enfant dans la généalogie familiale, donnera en outre toutes les chances à celui ou celle qui viendra par la suite d'avoir sa véritable place dans la fratrie et non pas ce statut à haut risque d'« enfant de remplacement ». On préfèrera d'ailleurs aujourd'hui parler simplement de « l'enfant qui suit » en prenant en compte la mort de son aîné comme un événement du cours de sa propre histoire familiale et personnelle.

À ce stade, et pour le reste de cet ouvrage, il n'est peut-être pas inutile de rappeler que l'ensemble de mes propos se situe exclusivement dans un champ concernant l'étude et l'analyse de conditions apparaissant comme les plus défavorables à l'amorce d'un processus **normal** de **deuil** en cas de décès périnatal afin de rétablir les conditions les plus favorables à une transformation de la souffrance. Il ne s'agit donc nullement de traiter en soi les questionnements éthiques, philosophiques ou religieux sur le statut de l'embryon ou du fœtus ainsi que leurs déclinaisons induites quant aux interruptions de grossesse, spontanées ou volontaires.

1. Deslauriers G., *Le deuil : « Pour mieux vivre »*, document de formation, 1996-1997, pp. 78-79. Tiré de Montbourquette J., *Aimer, Perdre, Grandir*, Paris, Bayard Editions / Centurion, 6e édition, 1995.

L'EXPÉRIENCE DU PÈRE

La plupart des expériences de pères dans ce type d'événement ramène à des caractéristiques de deuil relativement communes au deuil concernant la mort d'un enfant en général. Je n'évoquerai donc là aussi que ce qui apparaît comme spécifique pour les pères qui subissent un décès périnatal en sachant que cela, comme pour toutes les autres spécificités, se surajoute précisément à l'effondrement traumatique habituellement subi dans un deuil d'enfant en particulier.

Pendant toute la période précédant la naissance, les pères ont nécessairement des relations particulières avec leur enfant. Ceux-ci en effet ne disposent pas pleinement de la liberté d'accéder à leur bébé comme bon leur semble au cours de la grossesse ; la relation à leur enfant dépend essentiellement de la place que veulent bien dans ce champ-là leur laisser les mères. Le Dr Christophe Massin, psychiatre, décrit fort bien[1] à ce propos comment dans la succession des enveloppes humaines qui entourent le bébé, la mère précède le père et conditionne de ce fait la relation du père à l'enfant. Il est de ce fait extrêmement difficile pour le père de s'approprier un ressenti bien à lui concernant son bébé quand bien même certaines approches, d'haptonomie par exemple, sont pratiquées au cours de la grossesse. En outre, de manière partiellement induite par ce qui précède, si les mères sont de fait souvent radiées de leur propre histoire, les pères quant à eux sont encore davantage victimes du déni social de leur position parentale. Ils se retrouvent souvent plus seuls, plus isolés, plus incompris que les mères, piégés aussi par leur obéissance inconsciente aux injonctions de la société : *« C'est toi qui es fort, c'est toi qui dois soutenir ta femme, l'épauler, l'aider... »*, largement inhibitrices envers les manifestations de chagrin chez un homme. Combien de fois, dans le meilleur des cas, un papa après l'événement s'entendra-t-il dire : *« Comment va ta femme ? »* Mais qui risquera un : *« Et toi, ça va comment ? »* !

---

1. Massin C., *Vous qui donnez la vie, un autre regard sur la grossesse*, Paris, Flammarion-Aubier, 2001.

La discrétion souvent induite des pères, sinon leur silence quant à leur douleur pourrait conduire à les oublier davantage encore que les mères dans ce deuil autour de la naissance. Mais leur effacement porte en germe inconscient la négation de leur paternité et le trouble quant à leur virilité. Il est donc d'autant plus important qu'après un tel bouleversement si difficile à dire pour eux à plus d'un titre, ils puissent individualiser et nommer leur souffrance d'homme face à cette mort afin de se reconnaître effectivement pleinement père face à la perte de leur bébé. La confrontation avec la mort au lieu de la vie attendue leur offrant paradoxalement comme « l'opportunité » d'une rencontre avec l'enfant « d'égal à égal » avec la mère, dans toute l'intensité dramatique de l'événement. Les « rôles » réciproques qui avaient pu être inconsciemment posés dans le couple face à l'imaginaire de l'enfant à naître, tombent en effet d'eux-mêmes face à cette nouvelle donne d'absence de vie et d'avenir au quotidien avec le bébé.

Laurent : « *J'ai eu beaucoup d'émotion mais je n'osais pas trop le dire en fait ; ma femme, elle, elle avait l'air d'être tellement plus mal que moi.* » « *Il faut bien continuer de toute façon, repartir et mettre un couvercle sur notre douleur.* » « *Au bureau, vous pensez bien que ce ne sont pas les états d'âme sur ma situation qui gênent le travail... ceci dit, je préfère plutôt ça, comment pourraient-ils comprendre... et puis de toute façon, je ne saurais pas trop quoi dire avec eux !* » « *Je ressens un grand décalage avec ma femme dans la manière d'exprimer notre chagrin, ça n'est pas la même chose, moi, je vais de l'avant maintenant.* » « *C'est difficile pour moi quelquefois de savoir exactement ce que j'ai perdu, je m'accroche aux démarches pour reconnaître Emmanuel, c'est vrai, parce que sans ça, c'est un peu comme s'il n'y avait que ma femme qui l'avait connu parce que elle, bien sûr, elle l'a porté tout ce temps mais moi, c'est plus difficile à percevoir alors j'ai besoin de cette reconnaissance aussi pour dire que je suis papa et que je suis actif dans cette naissance là... sa reconnaissance.* » « *Bien sûr j'avais investi ce projet d'enfant mais c'est surtout ma femme qui avait un lien privilégié avec le bébé, moi j'écoutais ce qu'elle voulait bien me partager et puis je collais mon oreille sur son ventre du moment qu'elle le voulait bien, c'est tout ce que je pouvais faire finalement en attendant qu'il soit là mon Emmanuel.* » « *Il faut bien dire que c'est difficile quand même pour nous d'imaginer ce qui se passe dans leur ventre.* » « *Moi, j'aurais bien aimé pouvoir passer ma main au* *travers pour aller lui faire des guilis.* » « *Elle, elle avait sa vie privée avec Emmanuel, c'est normal mais je sais que dès le début moi, je me suis senti partir dans mes rêves avec lui pour plus tard !* »

L'enjeu pour les pères est donc de ne pas se laisser glisser, y compris à leur insu, dans une quelconque forme de retrait qui finisse par les exclure eux-mêmes de l'intérieur de leur propre deuil. Sous la pression relativement « perverse » et non dite de l'extérieur, ceux-ci peuvent en effet être amenés à croire que parce qu'ils n'ont pas « connu » cet enfant, parce qu'ils ne l'ont pas porté comme leur femme, pas ressenti comme elle au dedans d'eux, leur souffrance est moindre, leur deuil plus facile, voire plus « rapide » et plus épargné que celui de la mère. Il faut précisément se garder de ces idées reçues qui n'abritent encore une fois que le lit du déni et davantage se tourner ici vers cette évidence qu'homme et femme étant fondamentalement différents, le deuil d'un papa n'est en conséquence pas le même que celui d'une maman. Un des écueils dans lequel tombe la majorité des couples à un moment ou à un autre de leur chemin de douleur, dans le désarroi et l'isolement où chacun peut toujours s'engouffrer malgré lui, est celui de croire que l'autre souffre « moins » ou « plus » parce qu'il ne souffre tout simplement pas de la même façon. Un père, un homme, retient communément davantage ses émotions, ne veut pas montrer, ne veut pas « en rajouter », là où sa femme attend bien souvent sans le lui dire, qu'il s'exprime, qu'il pleure peut-être, qu'il partage avec elle son chagrin, à sa manière à elle, c'est-à-dire la parole. Or là où son deuil à elle a besoin de prendre le temps de s'arrêter, de se dire, de se retourner vers son « être », son deuil à lui se tisse dans le « faire », dans l'activité, dans le recours à l'extériorité. Cela est normal, le plus souvent passager. Mais ce qui est normal n'en a pas moins besoin de s'échanger clairement afin d'éviter d'installer de l'incompréhension et de la souffrance en plus de la souffrance.

Evira comme ***Claudine***, ***Laurent*** ou ***Christine***, tous m'auront exprimé à leur manière ces passages à vide, ces incompréhensions, ces façons d'imaginer que l'autre souffre plus, souffre moins, que l'autre, le père, semble avoir oublié... cette sensation d'un perpétuel décalage dans les sentiments ou la façon de vivre les choses, l'impression de ne plus être sur « *la même longueur d'onde* », de ne plus rien comprendre à ce qui se passe entre les deux. ***Christine*** même me dira ses interrogations sur une poursuite de la vie commune... et puis son revirement, juste parce que la parole a pu s'installer là où elle n'osait pas, ne pouvait pas, se poser auparavant.

L'ÉVIDENCE DE LA NAISSANCE MISE EN CAUSE PAR LA MORT

Pour le père comme pour la mère, nous l'avons vu, il est essentiel que chacun retrouve en lui-même l'écho de ce qui lui a été dérobé non seulement par le fait même de la mort de son enfant mais davantage encore peut-être par les conditions matérielles et psychologiques entourant cette disparition. Il est tout à fait primordial pour les parents de pouvoir pleinement s'approprier la naissance de leur bébé afin de pouvoir également le laisser mourir et s'en séparer comme de tout objet d'amour perdu.

Pour cela doit être chaque fois préservé, et chaque fois de manière unique, ce que le Dr Christophe Massin appelle la « continuité natale ». Celle-ci s'établit habituellement au travers des étapes successives entourant l'accouchement et qui constituent les maillons essentiels de la chaîne de la naissance. Elle s'exprime au travers du sentiment qu'a une mère d'avoir participé à la mise au monde de son enfant et à son accueil, avec le père. De l'attention consentie au rythme de ses différentes phases – descente de l'enfant, engagement, expulsion, rencontre sensorielle juste à la sortie, coupage du cordon, expulsion du placenta, premiers soins sous le regard des parents, habillage, restitution de l'enfant aussitôt après – dépend la possibilité de sentir en profondeur la progression de l'accouchement et celle de rester en contact avec l'enfant dans chacune des étapes.

Or dans le cas de la mort périnatale, si la finalité régulièrement attendue de l'accouchement est dramatiquement manquée, le lien en revanche entre la naissance et le bouleversement émotionnel habituellement présent dans cet événement n'est pas lui pour autant annulé. Il est au contraire exacerbé en même temps que déplacé par cette émergence brutale de la mort au sein de la vie.

Aussi dans cette situation, et afin encore une fois d'offrir davantage la possibilité d'entrer dans un processus de reconnaissance de l'enfant et des parents en tant que tels, la continuité natale est-elle tout à fait essentielle à préserver. Il est toujours possible d'en maintenir une certaine unité pour peu que les parents et l'équipe médicale s'accordent sur la manière de faire. Toutes ces équipes hospitalières qui parce qu'elles ont été formées et sont soutenues effectuent un extraordinaire travail d'accompagnement des familles dans les maternités, savent aujourd'hui avec infiniment de tact, de délicatesse et de respect quant à leurs choix personnels, comment informer les parents sur la vérité et les enjeux de leur situation et comment leur demander par anticipation la manière dont ils souhaitent vivre leur accouchement tout en leur proposant quelques pratiques dont on sait à présent, avec le recul et le témoignage d'autres parents, qu'elles sont de nature à faciliter ultérieurement la résolution de leur travail de deuil. Il s'agira par exemple de leur suggérer de prénommer leur bébé, de recueillir leurs souhaits quant au vécu de l'accouchement et également sur le mode de rencontre avec leur enfant malgré les ambivalences très fortes ressenties par certains parents, sur leur désir de le tenir, de le porter, de le garder avec eux un moment, ce qui est maintenant très fréquent ; alors la toilette du bébé sera faite, il sera habillé avec des vêtements que les parents auront eux-mêmes apportés, des photographies pourront être prises, de lui seul, de lui avec sa famille ; un instant d'intimité leur sera offert, tout le temps nécessaire pour le toucher, le bercer, le regarder, apprivoiser à leur rythme la réalité de cette mort surgie au cœur de l'irreprésentable. Ils pourront par la suite lui rendre visite à la chambre mortuaire avant de récupérer son corps – lorsque cela est légalement possible – et d'organiser le rituel d'adieu et les funérailles qui leur conviennent.

Car en plus de l'indispensable ancrage dans le souvenir que j'ai déjà évoqué, la continuité natale va contribuer à éloigner des parents leurs doutes sur la filiation en les introduisant à ce sentiment qu'ils restent, y compris dans l'issue mortelle de cette naissance, mère et père de leur bébé mis au monde. Le sentiment de continuité natale, s'il est effectivement éprouvé, contribuera également à régler malgré la mort la « dette de vie »[1] inconsciente que toute fille a contracté envers sa mère au jour de sa naissance et dont elle s'acquitte habituellement en transmettant elle-même la vie la première fois. Faute de quoi il n'est pas rare, à l'occasion d'un tel événement, de voir éclater des conflits mère-fille très intenses jusque-là contenus dans la promesse et l'attente inconscientes d'une naissance dans la famille.

Mais devant cet accouchement qui ne suit pas l'itinéraire prévu, il est surtout capital de ne rien imposer et de laisser les parents instaurer leur propre rapport au temps. Le contact continu avec le bébé, sans qu'ils ne soient pressés ou bousculés, offre à ces parents désemparés toutes les chances de pouvoir retrouver plus tard une cohérence intérieure et le contrôle par eux-mêmes du sens qu'ils donnent à la vie. Le sentiment de continuité natale, ressenti de façon unique par chacun en fonction de sa propre histoire, fournit le cadre de réalité et d'intériorité à partir duquel pourra ensuite s'opérer le détachement d'avec son enfant mort.

Evira témoigne de cette histoire manquante : « *On m'a comme volé mon accouchement, c'est vrai que je voulais que ça aille vite mais qu'est-ce que je pouvais savoir moi de ce qui était mieux ou moins bien. Ils n'ont rien fait comme il aurait fallu, ils ne m'ont pas dit le plus important. Je n'ai pas eu de temps avec Charlaine, pas assez !* » « *Lorsque le Monsieur à l'amphithéâtre m'a dit qu'il ne valait mieux pas que je la voie, que ça ne servait plus à rien de se torturer maintenant qu'elle était morte, j'ai senti que ça sonnait faux en moi mais j'étais tellement mal, je pleurais tellement, je ne savais plus et je me suis dit qu'il avait raison, alors je l'ai laissée partir, comme ça, sans l'avoir vue et c'est épouvantable pour moi d'avoir autant de regrets de ce moment raté.* »

Claudine : « *Le film à l'intérieur de nous, il continue de toute façon, c'est évident, même si en apparence, il s'est terminé, ça n'est pas vrai parce qu'on est*

1. Bydlowski M., *La dette de vie, Itinéraire psychanalytique de la maternité*, Paris, Puf, Le fil rouge, 1997.

toujours en attente de quelque chose. » « *On était tellement pleins de vie avant que tout ne s'arrête... c'est un vrai cauchemar.* » « *Je pleure tous les jours sur ce que j'aurais pu faire et que je n'ai pas fait comme de participer vraiment à mon accouchement comme pour Francine... bien sûr Nicolas était mort et je le savais mais j'aurais au moins eu le sentiment de vraiment donner naissance à mon enfant.* ».

Laurent : « *On ne nous a pas laissé le temps de réagir à quoi que ce soit de toute façon, ni de choisir la façon dont on voulait accueillir notre fils et puis je ne digérerai jamais le fait d'avoir été viré de la salle d'accouchement juste avant qu'Emmanuel n'arrive au monde... Est-il seulement venu au monde d'ailleurs ? Difficile quand on est pas là... je ne l'ai pas vu tout de suite moi.* » « *J'aurai envie de recomposer le film de sa mort rien que pour refaire tout ce qui a été loupé.* » « *C'est insensé de me dire qu'il me manquera toujours un bout de cette histoire !* »

Christine : « *Le temps, c'est ce qui m'a le plus manqué finalement dans cette histoire et ma vraie présence à moi-même et au bébé le jour de l'accouchement... j'avais plutôt envie de fuir tout ça et maintenant... trop tard !* »

Si le sentiment de continuité natale n'a pas pu être approprié par les parents au moment de l'accouchement, il sera essentiel d'œuvrer à sa réhabilitation symbolique, en particulier dans l'espace d'accompagnement, tel qu'il sera décrit plus loin. Cette démarche permettra la recomposition des maillons manquants de la rencontre et de la séparation d'avec l'enfant. Ainsi pourra s'opérer le rétablissement du dialogue et du lien interrompus par la mort. Ainsi l'évidence de la naissance sera-t-elle pleinement restituée à ses parents bafoués et déchus de leur statut parental.

Alors la personne endeuillée aura-t-elle les moyens d'inventer sa manière de traduire au dehors d'elle-même l'imperceptible et indicible « présence autrement » de l'enfant. Une façon pour les parents de distinguer le plein du vide, la place laissée de la place offerte pour un avenir. Une façon peut-être de poser un regard autre sur l'absence et d'oser lui proposer de faire sens.

UNE VOIE VERS LE SOI, UN CHEMIN POUR LE DEUIL

Je suis voyageur et navigateur.
Et tous les jours,
Je découvre un nouveau continent
Dans les profondeurs de mon âme.

Khalil Gibran

Le Soi n'est pas autre chose
Que cet « au-delà de soi »,
Cet inassouvissement de l'être
Jamais entièrement réalisé,
Bien que constamment aimanté
Vers la complétude.

Ysé Tardan-Masquelier

En tant que crise majeure de la vie, le deuil et en particulier le deuil d'un enfant, renvoie dans sa propre chair à cette incontournable réalité : tout ce qui ne bouge pas et ne progresse pas meurt. La personne endeuillée va donc devoir trouver elle-même son issue, sous peine de rester « coincée » dans un espace de répétition intérieure plus ou moins souffrant. J'ai déjà mis précédemment en évidence combien, encore aujourd'hui, les facteurs psychosociaux inhérents au décès périnatal favorisaient dangereusement ce type d'enferment. Il est d'ailleurs intéressant de noter ici l'analogie des processus, que je serai amenée à mettre en évidence plus loin, entre la naissance de l'enfant qui doit sortir de l'utérus sous peine d'y rester « coincé » et cette sorte de naissance, intérieure celle-ci, qui nécessite de quitter un endroit de soi-même devenu fort inconfortable pour entrer dans un autre mieux adapté à une nouvelle réalité.

Le deuil périnatal, comme tout autre deuil, impose donc de bouger, de sortir, de trouver la voie d'aspiration et d'inspiration qui traverse la souffrance et la transforme pour accoster sur une rive nouvelle. Il requiert pour cela l'existence *a minima* d'un objet d'amour perdu, condition *sine qua non* d'une amorce normale de processus de deuil au cours duquel la personne endeuillée devra ensuite quitter ses attachements tragiques à la revendication de reconnaissance tout en installant en elle l'existence de son bébé à sa juste place.

Voyager en nos terres secrètes, la psychosynthèse comme alliée du deuil

La psychosynthèse est une des voies proposées à l'homme pour grandir en se séparant de ses multiples identifications inconscientes. Elle suit ainsi à sa manière la trace déjà élaborée par C.G. Jung et sa notion d'individuation, qui n'est pas loin de s'apparenter en bien des points au processus de deuil. La psychosynthèse offre donc en cela des moyens pour entreprendre le périple du deuil avec un certain nombre d'outils appropriés à sa visée finale : trouver depuis l'intérieur de soi un sens à l'épreuve. Acceptons à présent de faire un détour historique par les fondements de cette approche, en suivant précisément la piste de l'individuation, afin de mieux saisir la portée thérapeutique des propos qui suivront.

Au commencement étaient Freud et Jung...

Avec Freud et la cartographie des mécanismes qui régissent sa découverte de la psyché à la fin du XIXe siècle, il sera permis d'entrer dans une compréhension des différentes zones de décomposition de la personnalité psychique. Ce sont bien en effet les concepts élaborés par Freud à ce sujet qui représentent les fondements et l'assise à la fois de la psychanalyse « universaliste » inventée par lui et en même temps des concepts élaborés ensuite par Jung pour décrire le processus d'individuation, cette « *marche héroïque de personnalités parcellaires en route vers le soi* »[1].

Et s'il est vrai que par l'élaboration de sa doctrine, Jung s'écarte de Freud en général et se sépare, précisément, de l'universalisme freudien, il est bien loin d'abolir et de rejeter ce dernier ; il va au contraire s'en nourrir et lui ajouter, avec sans cesse à l'esprit le souci de la recherche de la synthèse. Les « instances » des deux maîtres vont ici se confronter. Là où Freud parle d'adversaires en évoquant le « ça » et le « moi » de sa deuxième topique, le moi étant soumis en outre au regard censeur du « surmoi », Jung parle plutôt de partenaires du moi, qui ont pour noms « *persona* », « *ombre* », « *animus/anima* » et « *soi* ». C'est dans cet ordre-là qui va si l'on peut dire du dehors au dedans, que l'homme peut être amené sur le chemin de l'investigation de ses profondeurs. Cette exploration, Jung a pris l'habitude de l'appeler « processus d'individuation ». On peut à ce point noter comme ce mouvement dynamique de retournement de l'extérieur vers l'intérieur correspond bien dans le deuil périnatal au nécessaire détachement du dictat social afin de trouver en soi et pour soi la juste place du bébé « non né ».

Le processus d'individuation, confrontation par excellence de la conscience et de l'inconscient, vise à la structuration de la psyché et conduit l'être humain vers l'unité de sa personnalité, de sa *persona* qui n'est qu'un paraître, et de son moi qui n'est encore qu'une vue de son être, vers son être véritable qui coïncide avec le véritable sens de

1. Baudouin C., *L'œuvre de Jung*, Paris, Petite Bibliothèque Payot, 5e édition, 1993, p. 223.

la personnalité, le soi. Le processus, pour se dérouler, chemine à travers le monde des « archétypes ». Jung forge cette notion pour définir une forme préexistante inconsciente qui détermine le psychisme et provoque une représentation symbolique apparaissant dans les rêves, l'art ou la religion. Les archétypes constituent ainsi l'« inconscient collectif », base de la psyché, structure immuable, sorte de patrimoine symbolique propre, dans sa profondeur, à toute l'humanité. Cette notion va nous intéresser tout particulièrement car nous verrons comment l'on peut prendre appui sur elle pour redonner une force d'existence symbolique à l'enfant disparu. En outre, elle permettra d'expliquer un des aspects majeurs du retournement vers soi enclenché très fréquemment à l'occasion d'un deuil périnatal.

Puis vint Assagioli

La notion d'individuation en tant que processus de différentiation psychique qui a pour but de développer l'autonomie de l'individu et de le libérer progressivement de toutes les influences indues de l'extérieur comme de ses attachements intérieurs désordonnés, se trouve d'emblée placée par Assagioli au cœur de la psychosynthèse. Celle-ci en effet se référant à la pédagogie du Soi pour le moi, attribue une importance primordiale au concept et à l'expérience de l'identité pour tout individu, s'appuyant sur un processus de transformation et de croissance intérieure. Or l'enfant qui meurt en cours de grossesse vient interroger directement l'identité profonde du parent endeuillé qui se trouve lancé à son insu dans la quête inconsciente d'un « Qui suis-je ? » auquel seul le « Je ne suis pas » père ou mère vient tout d'abord faire écho.

Le Dr Roberto Assagioli (1888-1974), psychiatre et psychothérapeute italien, qui aurait collaboré avec S. Freud à ses débuts, entre en contact avec C.G. Jung en 1909 lors d'un stage qu'il effectue à la clinique suisse du Burgholzli dirigée alors par Bleuler. Il deviendra le premier psychanalyste italien et créera sa propre méthode dès 1910. Il fonde le premier Institut de psychosynthèse à Rome en 1926. Dès le début de sa pratique en psychosynthèse, Assagioli qui reconnaît la nécessité de tenir compte de l'inconscient pulsionnel tel que défini par Freud, orientera plus spécifiquement ses thérapies vers un renforcement du moi du client/patient qui s'accompagne d'une notion d'ouverture et d'une recherche du sens de la vie. Cette approche est en étroite adéquation avec le deuil périnatal qui aura à faire face tant à une recherche de sens extrêmement prégnante qu'à une très forte dévalorisation du moi – versant mélancolique de ce deuil – au travers du sentiment puissant d'échec à la concrétisation parentale.

Ainsi la psychosynthèse s'inscrit-elle dans le courant des thérapies existentielles (Binswanger, Maslow, Rogers) et des philosophies telle que la phénoménologie (Heidegger, Husserl). Elle insiste sur l'expérience de l'être singulier qui s'exprime en tant que « présence » dans « l'ici-et-maintenant » au travers d'une « rencontre » entre deux êtres, sans écarter pour autant les problèmes de diagnostic et de dynamique clinique. « *La psychosynthèse n'est ni une doctrine psychologique particulière, ni un procédé technique spécifique. Elle est une conception dynamique et, pourrait-on dire, dramatique, de la vie psychique, considérée comme une lutte entre de nombreuses forces rebelles et conflictuelles, et un Centre unificateur qui tend à les maîtriser, à les harmoniser, à les employer de la façon la plus utile et créatrice.* »[1]

La psychosynthèse est donc avant tout une philosophie de vie, une approche holistique et dynamique de l'Être et de sa vie psychique qui appréhende le « Je » de l'individu dans sa reliance fondamentale au vivant et en tant qu'émanation du « Soi », présence archétypale[2] du divin en chaque être profond. Assagioli considère le Soi comme une réalité vivante et expérimentable, et ce qui distingue sans doute la psychosynthèse de toute autre approche est le fait qu'elle s'appuie sur la reconnaissance de l'existence d'énergies « supraconscientes » qui sont tout aussi réelles que les motions instinctives et pulsionnelles décrites jusqu'alors par Freud.

---

1. Assagioli R., *Psychosynthèse, Principes et techniques*, Paris, Desclée de Brouwer, 1997, p. 40.
2. En lien avec les archétypes tels qu'explicités par C.G. Jung.

VOIR LE MONDE INTÉRIEUR AUTREMENT

Tout individu se développe constamment et « grandit » en réalisant successivement plusieurs potentialités latentes. Si je m'arrête à cette vision fondamentale de la psyché pour Assagioli, c'est qu'elle représente la base non réductrice de toute personnalité selon laquelle il est permis de croire qu'aucun être humain n'est jamais réduit à un seul aspect de lui-même, fut-il en apparence la démonstration du contraire. Ainsi dans l'accompagnement du décès périnatal, la souffrance de la négation de l'enfant pour la personne endeuillée va-t-elle pouvoir venir s'adosser thérapeutiquement à cette autre partie d'elle-même, existante également, non souffrante celle-là et momentanément submergée par la douleur.

Cette conception « pluridimentionnelle » de la personnalité humaine selon Assagioli, s'illustre au travers de son diagramme de l'œuf dans lequel il dispose les éléments essentiels de sa vision panoramique et généralisée de l'expérience humaine :

1. Inconscient inférieur
2. Inconscient moyen
3. Inconscient supérieur ou supraconscient
4. Champ de la conscience
5. « Moi » conscient ou « Je » ou « Soi » personnel
6. « Soi » transpersonnel ou spirituel
7. Inconscient collectif

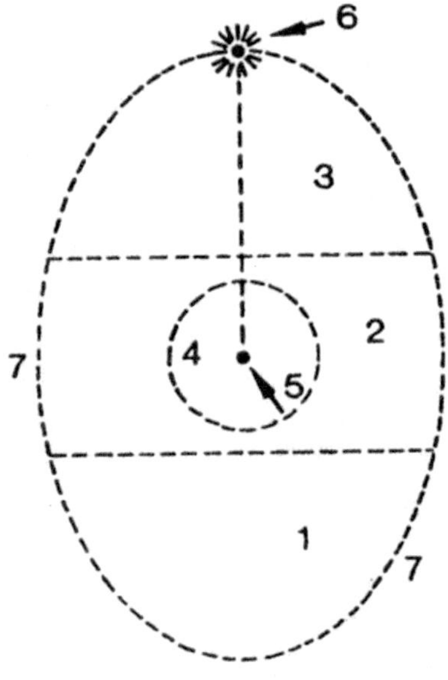

Il ne s'agit cependant que d'un schéma élémentaire dont Assagioli dit lui-même qu'il ne peut « *donner de notre constitution intérieure qu'une représentation structurale, statique, presque anatomique, ne faisant pas paraître l'aspect essentiel et le plus important qui est l'aspect dynamique* »[1]. Les différents niveaux de l'inconscient, « *inconscient supérieur* ou *supraconscient* », « *inconscient moyen* » et « *inconscient inférieur* », correspondent à des zones « semi-perméables » entre elles, aptes à laisser émerger tout un spectre de types d'expériences, que l'on peut aussi qualifier d'états de conscience différents. C'est cette perméabilité qui permettra entre autres des surgissement inattendus et salvateurs dans le parcours accompagné de la personne endeuillée.

Dans sa théorie de la personnalité, Assagioli place au centre de son diagramme son « *Je* » (5) ou « *Soi personnel* » ou « *moi conscient* » et au sommet le « *Soi transpersonnel* » (6), source plus profonde et essentielle de sagesse et de direction dans la personne.

Le « *Je* » ne doit pas se confondre avec la personnalité consciente. Il est celui qui peut observer tous les contenus circulant continuellement dans la conscience et il est donc, pour ce faire, distinct mais non séparé de tous les contenus de l'expérience. *Je* possède les deux fonctions de conscience et de volonté. La volonté doit ici être entendue non pas comme une « *volonté de pouvoir* » mais comme cette « *liberté intérieure d'agir* » à partir d'un lieu qui n'est pas entièrement conditionné par un seul aspect limité de soi. *Je* s'affirme donc comme le centre d'harmonie et d'intégration de la personnalité, il est l'être essentiel, l'identité profonde. On comprend dès lors qu'il sera celui que l'on va chercher à stimuler en premier lieu au cours du processus de reconstruction du deuil.

Avec le « *Soi* », Assagioli rejoint Jung dans cette conception d'une source qui se manifeste comme une direction plus profonde dans la vie de la personne. « Vocation » ou invitation provenant de la « voix intérieure » à entreprendre la voie de l'individuation pour l'un, volonté du *Soi* – ou volonté transpersonnelle – à laquelle la volonté de

49 Assagioli R., *Psychosynthèse, Principes et techniques*, op. cit., p. 25.

Je – ou volonté personnelle – peut choisir de répondre ou de résister pour l'autre. Mais Assagioli dit clairement combien les invitations plus profondes du *Soi* existent potentiellement pour toute personne, en tout temps, en tout lieu, en toute circonstance, dans toutes les sphères et à toutes les étapes de la vie. Le *Soi* est d'ailleurs entièrement présent, et donc potentiellement agissant, à tous les niveaux de la personne décrits par lui. Nous verrons plus loin pourquoi cela est essentiel dans le recours thérapeutique de l'accompagnement du deuil périnatal.

Tel que l'on peut l'examiner au travers du diagramme de l'œuf, il faut noter que *Je*, l'identité humaine essentielle, n'est pas une entité autosuffisante mais qu'il est relié, précisément, au *Soi* plus profond et tenu directement en existence par ce dernier. *Je* n'existerait pas sans le *Soi*, il est le reflet direct ou l'image du *Soi*. Leur unité à tous deux est tout aussi essentielle que le maintien de leur distinction fondamentale. Malheureusement cela se passe souvent dans notre vie comme si *Je* et *Soi* étaient séparés, parce que le *Je* ignore le *Soi* aussi bien théoriquement que pratiquement, jusqu'à en nier l'existence, tandis que le *Soi* est latent et présent quoi qu'il se passe dans notre vie mais il ne se révèle pas à la conscience d'une façon directe.

L'« *inconscient supérieur* ou *supraconscient* » (3) se réfère à ce champ de l'expérience humaine que l'on retrouve dans les moments dits « de pointe » de la vie. « *C'est la source du génie, des états d'illumination, de contemplation, d'extase. C'est dans cette zone que résident, à l'état latent et potentiel, les énergies supérieures de l'Esprit, les facultés et les pouvoirs supranormaux d'un genre élevé* »[1]. Il est le siège de nos intuitions et de nos inspirations les plus hautes, de notre imagination, c'est le lieu de motivation de nos élans altruistes. On pourrait croire que cela ne nous intéresse guère dans le sujet qui nous occupe, détrompons-nous car c'est dans ce réservoir que siègent les potentialités créatrices à forte résonance symbolique et qui se révèleront très fécondes pour œuvrer à l'installation du bébé dans la représentation psychique des parents..

1. Assagioli R., *Psychosynthèse, Principes et techniques*, op. cit., p. 27.

L'« *inconscient moyen* » (2) peut être assimilé à ce que Freud a appelé le « *préconscient* ». Il est formé d'éléments psychiques de nature semblable à ceux de notre conscience de veille et facilement accessibles à celle-ci. Ses contenus peuvent aller et venir dans la conscience tout au long d'une journée. C'est au centre de cet inconscient moyen que se trouvent ce qu'Assagioli a appelé les « *subpersonnalités* », constellations d'éléments distincts et semi-autonomes, satellites psychiques coexistant dans le cadre de notre personnalité de manière parfaitement normale. Le but général du travail sur l'inconscient moyen est d'accroître l'harmonie entre des aspects plus ou moins conscients de l'expérience quotidienne. Il facilitera ici en particulier les prises de consciences de certains comportements facilitants ou au contraire invalidants pour le processus de deuil.

L'« *inconscient inférieur* » (1) pourra être assimilé au « *ça* » freudien ou à « *l'ombre* » jungienne, en tant qu'il est contenant du matériel à explorer pour découvrir les forces obscures qui nous fascinent ou nous menacent, les « fantasmes » et les « images » qui nous obsèdent ou qui nous dominent sournoisement, les peurs qui nous paralysent, les conflits qui usent nos énergies. Il reste chez Assagioli l'élément de base de la connaissance intégrale de notre personnalité. Dans l'approche stricte du deuil périnatal, il ne sera pas le premier objet d'attention même s'il interfère évidemment dans l'état de la personne endeuillée.

Le « *champ de conscience* » (4) désigne cette partie de notre personnalité dont nous avons une connaissance directe et où logent le flot incessant des contenus psychiques observables et analysables, ainsi que nos divers états d'âmes afférants.

L'« *inconscient collectif* » (7) est compris par Assagioli tel que Jung a pu le définir ainsi que je l'ai mentionné plus haut.

Lutter « avec » et non plus « contre » la souffrance

Le processus de développement global de la personne, qui vit cette expérience avec une conscience de plus en plus aiguë et large, est bien la raison d'être de la psychosynthèse. C'est pour lui et à son service qu'ont été élaborées par Assagioli à la fois la théorie de la personnalité et ses techniques ; il est en cela profondément distancié de la psychanalyse. Là où cette dernière en effet, se limite à l'exploration en profondeur de la psyché dans ses couches les plus inférieures et à l'interprétation de ses défenses, la psychosynthèse organise une phase plus brève d'exploration, *« suivie d'un engagement actif autour de la mise en œuvre d'un projet qui prend en compte tous les aspects de la vie. La personne y est engagée dans sa totalité avec son histoire individuelle, son vécu actuel, son contexte social, ses anticipations de l'avenir »*[1]. Par une action volontaire de transmutation des énergies psychiques et la synthèse des opposés, elle propose en plus de l'étude du passé une démarche dynamique d'ouverture et de reconstruction. On comprend dès lors combien elle va être particulièrement adaptée à l'accompagnement thérapeutique du deuil périnatal et plus particulièrement à la remise en route du processus de deuil lorsque ce dernier est empêché de se faire de par des conditions extérieures vécues et ressenties comme négativement et définitivement déterminantes.

Le processus proposé par la psychosynthèse est donc un lieu de création en tant que tel et ouvre sur de nouvelles perspectives qui peuvent concerner en particulier la réappropriation du sentiment de parentalité, la restauration de l'existence du bébé décédé, la reconstitution des maillons manquants de la naissance, la mise au monde malgré la mort, et l'organisation symbolique d'un rituel d'adieu. Les personnes pourront alors découvrir comment ne plus lutter désespérément « contre » la perte mais bien lutter « avec » le ressenti de leur souffrance, pour incorporer en elles les énergies dissimulées derrière l'écran de la peine. Elles pourront ainsi passer le seuil de cette porte où la souffrance au lieu d'être écrasante, devient impulsion

1. Brès M., Pellerin M., *La Psychosynthèse*, Paris, Presses Universitaires de France, Que sais-je n° 2857, p. 37.

positive pour s'en sortir. Les différentes techniques que j'explorerai, illustrées avec ***Evira***, ***Claudine***, ***Laurent*** et ***Christine*** donneront des exemples concrets des réalisations de chacun.

Ouvrir un espace de remise en route

Le parent endeuillé par la mort périnatale, dénié dans sa parentalité, sa souffrance et sa légitimité à devoir faire son deuil, requiert la plus grande ouverture d'esprit et la prise en compte du déni comme une réalité en soi, affectant à la fois ses facultés d'autoreconnaissance de l'événement tout comme son positionnement interne et externe par rapport à l'événement. Il s'agit donc de lui proposer un cadre stable et sécurisant fondé sur le faire mais en même temps libre et flexible afin d'explorer des zones plus subtiles de l'être qui ne sont pas valorisées dans la société et qui vont lui donner accès à une ouverture réparatrice.

Chaque personne est unique

L'expérience thérapeutique en psychosynthèse est accessible à partir de toutes les dimensions de l'être : corps, émotions, âme, esprit. C'est pourquoi elle est formidablement révélatrice des trésors enfouis dans la vérité profonde de chacun. C'est aussi pourquoi elle permet cet éveil progressif aux dimensions les plus réprimées de l'individu dans la recherche d'un meilleur équilibre par lequel la personne pourra davantage se relier à elle-même dans un sentiment de présence accrue à sa propre réalité interne. Ce qui libèrera ici des zones d'énergies jusqu'alors repliées sur la douleur. Ces énergies rendues ainsi disponibles pouvant être efficacement réinvesties sur la représentation psychique et constructive du bébé.

J'utilise ainsi une palette de supports ajustés aux besoins actualisés de la personne au cours des rencontres : catharsis, visualisation, évocation imaginative des sensations (auditive, olfactive, tactile, gustative, kinesthésique), modelage, musique, dessin, mouvement, expression corporelle, dialogue intérieur, expression verbale, explication pédagogique, silence, respiration libre ou guidée, relaxation, méditation, attention au ressenti corporel et émotionnel, amplification, mime et jeu de rôle, mise en situation avec observation du Soi, géno-sociogramme, éventuellement réalisations à accomplir d'une séance à l'autre. Cette diversité n'est pas un but en soi, elle est destinée à maintenir ouvert le principe de base de mon accompagnement, à savoir accueillir une personne dans la **globalité** de son vécu au travers de la crise actuelle, ne pas l'enfermer *a priori* dans une seule dimension de son être ni dans une grille de lecture prédéterminée, ou tout autre schéma préétabli et lui proposer une juste succession et combinaison de ce qu'il y a de valable pour elle au moment de la rencontre, dans les techniques psychanalytique comme actives.

Cette démarche trouve spontanément son unité dans et par le cadre d'inclusion proposé où seules prévalent la circulation, la synthèse et l'intégration pour la personne dans une perspective d'ouverture et où les techniques utilisées ne sont que des outils destinés à favoriser l'émergence de son propre processus de résolution des conflits de fusion/séparation qui l'envahissent aujourd'hui au travers de son deuil. Cette flexibilité est effectivement très en adéquation avec la souffrance de la personne endeuillée par une mort périnatale pour qui une partie majeure du traumatisme provient déjà précisément d'un ressenti d'enfermement dans des dispositions médicales, sociales et juridiques déniant tant sa réalité interne de sujet que l'objet même de sa perte.

Tisser la relation thérapeutique

La période périnatale mobilise très largement les couches profondes de la mémoire et fait ressurgir les problématiques archaïques de la mère en particulier, tant autour de sa propre naissance que de sa petite enfance et de son identification à sa propre mère. J'évoquais, en présentant ***Christine*** plus haut, une de ces problématiques maternelles caractéristiques de la mortalité périnatale, certes particulièrement présente dans l'interruption volontaire de grossesse mais trouvant également des déclinaisons dans toute grossesse interrompue, quelle que soit son origine. Choisir de regarder le cadeau de la vie dès la conception suppose cette mise en route immédiate de l'investissement parental et conditionne précocement les articulations psychiques autour de la grossesse ; en donnant la vie, nous ne faisons jamais que transmettre ce que nous avons reçu. Le Dr Christophe Massin insiste fort bien là sur le fait que c'est souvent le moyen de « faire ses comptes », de régler ses « dettes » et cela selon un fonctionnement propre à l'inconscient qui prévaut sur toute logique rationnelle. Le mystère de la transmission de la vie propulse alors dans l'espace inconnu et inquiétant de ces comptes « non expurgés » de l'enfance, fréquemment réactivés à l'occasion d'une naissance. Que deviendra ce « règlement de compte » intérieur lorsque la mort surgira à la place de la vie attendue ? La mobilisation inconsciente des couches profondes de l'individu, mise en route, ne sera certes pas annulée mais tout au contraire accentuée et jetée dans la tourmente de la douleur. C'est cette même douleur qui « absorbera » la violence destructive contenue dans le conflit intérieur non réglé. L'écoute de cette réalité dans toutes les dimensions de la personne pourra par exemple amener à repérer la trace d'une blessure narcissique de l'enfance révélée par le contenu caché de la douleur qui vient faire écho au phénomène intrinsèque de « dénarcissisation »[1] attaché à la survenance du traumatisme actuel.

Chacun porte de plus en sa mémoire profonde la trace d'un amour inconditionnel et intemporel dont il a goûté l'instant de plénitude au cours du processus de sa propre naissance et dont il garde la nostalgie inconsciente. *« Ce bref épisode de conscience d'Éveil, placé de façon si stratégique lors de l'accouchement, nous donne ainsi un pressentiment de la "terre promise" au sens le plus strict de ce merveilleux symbole »*[2]. La grossesse vient très tôt chez la femme mobiliser à son insu l'espoir de retrouvailles avec ce paradis perdu. Mais ce pacte d'amour implicite, trahi par la mort prématurée, viendra alors se fracasser contre l'histoire trauma-

---

1. Ici en tant qu'effondrement du sentiment d'accomplissement de la parentalité et donc de l'estime de soi.

2. Montaud B., *L'accompagnement à la naissance*, La Baume Cornillane : Edit'As, 1997, p. 66.

tique de la personne endeuillée, la laissant désemparée face à la croyance de l'irréparable et à l'effondrement des constructions du passé, lesquels *« creuseront leurs galeries dans l'inconscient maternel sous forme de dépression, de culpabilité, de symptômes somatiques, de frigidité, d'infertilité secondaire »*[1].

Mais « rencontrer » une personne, c'est avant tout la reconnaître à partir de son propre modèle du monde pour entrer en contact avec elle par la dimension qui est la sienne. Quelles que soient les grilles de lectures utilisées, il s'agira toujours d'écouter en son profond le langage de l'être, à la fois dans ses meurtrissures et dans son potentiel. Dans cette relation, je suis « partenaire » de la personne endeuillée, dans un projet commun que chacun mène de sa place. La relation thérapeutique s'offre alors comme une danse qui s'ajuste, se synchronise et offre à la personne un rythme neuf susceptible de lui faire découvrir dans un esprit permanent de « co-création » une harmonisation d'elle-même jusque-là inconnue. Cette coopération au processus d'évolution fait que je peux alors me substituer momentanément au « centre unificateur » de la personne qui se trouve entièrement réduit à l'expression de la souffrance du deuil ; devenir comme un centre unificateur relais, extérieur, sorte de dérivation extra psychique comme on procède à une dérivation sanguine extra corporelle au cours d'une opération cardiaque par exemple. Ainsi le temps est laissé pour que le nouveau contexte s'explicite dans une contenance supportable et que de nouvelles possibilités se présentent dans le champ de conscience de la personne endeuillée, susceptibles d'être intégrées ensuite dans un *Je* élargi. Grâce à cette « médiation » thérapeutique, la personne est à même de trouver en elle son propre thérapeute et de contacter ses propres capacités et sa volonté de s'acheminer vers la mise en route de son deuil, avant d'en imaginer la terminaison.

Ce niveau de relation se réalise dans le subtil, dans ce tissage d'inconscient à inconscient créé par la « présence » thérapeutique au carrefour parfois difficile de l'alliance à réaliser dans l'accompagne-

1. Molénat F., *Les Mères vulnérables*, Stock, coll. Laurence Pernoud, 1992, p. 231.

ment entre « savoir faire », « savoir », « savoir être », « être » « être avec » et « être-là ». Cela suppose, en particulier dans la position que j'occupe personnellement, d'être conscient pour le thérapeute de son propre modèle de deuil et de la façon de s'en être sorti. Cela suppose également de s'être « désidentifié »[1] à la fois de sa propre souffrance et de son modèle afin que sa synthèse réalisée au point de maturation le plus grand puisse, en tant qu'étape de réalisation pour la personne, représenter l'image idéale à laquelle s'identifier, le temps que se dissolvent les images négatives entourant l'expérience de l'événement.

C'est bien l'écoute empathique qui pour moi fournit, dans le respect du rythme de la personne endeuillée, la présence la plus contenante et la plus reconnaissante et donc la plus appropriée à l'accueil de son historicité et de celle de son bébé. Là où l'objet du deuil a été dérobé et le matériel émotif souvent réprimé, cette écoute mettant en action l'écho et la résonance entre les partenaires, dans toutes les dimensions de l'être, autorise l'accès à des espaces de la mémoire inconsciemment anesthésiés et remet la personne en contact avec la dynamique de l'échange entre humains et avec elle-même, condition *sine qua non* de la sortie du deuil. L'écoute « de l'intérieur » peut ainsi prendre sa juste place, être là, non envahissante, sans non plus se faire envahir ; elle peut entrevoir et accueillir la joie mortifiée qui se cache derrière les manifestations d'agressivité combative, et guider la personne vers une possibilité de synthèse plus haute pour elle-même dans son propre processus de deuil.

Et s'il est important ici d'accorder toute son importance aux notions de transfert et contre-transfert qui se jouent dans la relation thérapeutique, en psychosynthésiste que je suis, je serai également particulièrement attentive à repérer les figures archétypales que je représente pour la personne, ces dernières étant porteuses d'une énergie plus profonde et plus signifiante en terme d'ouverture vers le processus de synthèse recherché.

1. Voir plus loin dans ce chapitre : « Se désidentifier des attachements perturbateurs ».

Permettre le processus de création du deuil

Dans le champ encore expérimental du suivi de deuil périnatal, au carrefour parfois imbriqué de la thérapie et de l'entraide sociale, l'affirmation, énoncée au début, que ce deuil est bien un deuil « comme » les autres, un deuil à part entière, se confirme effectivement au travers de chacune des rencontres cliniques relatées et au-delà également, dans un échantillonnage plus vaste. Là comme ailleurs, si sortir nécessite d'être sujet de son histoire et acteur d'un mouvement, ainsi que je le précisais plus haut, cela implique également d'être différent après qu'avant et de vouloir l'intégrer comme tel dans sa nouvelle vie. Et si mouvement et intégration sont bien deux maîtres mots de la psychosynthèse, le réinvestissement du désir de la vie ne pourra néanmoins s'accomplir en dehors d'une véritable mise en route de la dynamique du processus « normal » de deuil. C'est ce à quoi se propose d'œuvrer ma pratique thérapeutique, dans l'esprit d'une démarche, qui même si elle tend à « modéliser » les tâches à accomplir, ne peut pas s'entendre comme rigide ou dogmatique. Il s'agit davantage d'un fil conducteur empirique qui, là encore, aspire à l'unification par la synthèse personnelle de chacun, dans la co-création de l'espace thérapeutique.

Il s'agit d'offrir aux personnes en souffrance des techniques susceptibles de modifier suffisamment leur charge émotive actuelle afin qu'elles puissent d'elles-mêmes transformer leur rapport à l'événement, de sorte qu'elles recouvrent ce sentiment de normalité mis hors de leur champ de perception. Qu'elles puissent ainsi se reconnaître comme endeuillées pour procéder à cette habituelle et indispensable redéfinition dans le deuil de leur rapport à elles-mêmes où il leur faudra ré-apprivoiser ce *Je* qui s'ouvre, par la crise, à la proposition de reconstruction d'une nouvelle identité.

Je fais pour cela la distinction entre deux niveaux d'intervention. Je les nommerai différemment afin de mieux les distinguer, mais pour aussitôt préciser que si l'un s'applique prioritairement au sujet qui nous occupe, il ne peut cependant pas être séparé de l'autre de manière étanche. Il s'agit plutôt de les considérer comme reliés l'un à l'autre de façon semi-perméable, à la manière dont le sont les différents champs de l'inconscient dans le diagramme de l'œuf d'Assagioli. Leur distinction me semble néanmoins essentielle pour mieux comprendre la nature du travail entrepris en entretien.

1. L'accompagnement du deuil ou « contrat thérapeutique »

Il s'agit pour le thérapeute d'écouter la souffrance du deuil actuel en restant centré prioritairement sur celle-ci. La démarche se limite à l'exploration des événements concernant la mort périnatale et de ceux du passé qui sont évoqués par la personne, dès lors qu'ils interfèrent dans la souffrance actuelle et affectent directement la réponse au deuil immédiat. Les interventions sont plutôt directives sur le contenant et non directives sur le contenu, toujours dans le plus grand accueil de « ce-qui-vient » et « ce-qui-ne-vient-pas » comme éléments faisant partie intégrante du processus lui-même. Il y a interférence dans l'état émotionnel de la personne à partir des données narratives et sensorielles qu'elle amène. Le travail à ce niveau est essentiellement tourné vers l'accomplissement des tâches favorisant l'amorce du processus de deuil telles qu' identifier les charges émotives les plus prégnantes et offrir des moyens pour les réduire, résoudre les conflits les plus immédiats en lien avec le deuil et donner accès à un espace de restauration symbolique de l'enfant. Ceci tout en travaillant, en appui, à l'éducation des fonctions psychiques de la personne. Ce type de travail s'effectuera prioritairement aux niveaux de l'inconscient moyen et supérieur même s'il mobilise l'inconscient inférieur. Il sera communément limité dans le temps et régulièrement réévalué quant à sa pertinence.

2. Le « contrat psychothérapique »

Ce niveau n'est pas adapté tout d'abord aux objectifs recherchés dans l'accompagnement du deuil. Il s'agit de l'exploration approfondie de l'inconscient dans une approche davantage psychodynamique – analytique – visant particulièrement et directement à régler les problématiques liées aux conflits infantiles non résolus dans l'histoire de la personne. C'est seulement lorsque lesdits conflits deviennent nettement prédominants dans le parcours d'accompagnement du deuil, que le contrat psychothérapique est évoqué en tant que tel avec la personne. Cette dernière en effet, dans un cadre qui lui offre suffisamment de sécurité et en fonction de là où elle en est dans son propre cheminement, peut laisser bien souvent émerger un désir d'aller au-delà – au-deçà – de son deuil actuel pour traiter des « affaires » anciennes qui traînaient jusque-là dans le secret d'elle-même. Je saisis alors comme point d'entrée de ce type de travail les conflits du passé réactivés par le traumatisme immédiat. Ce contrat s'inscrit en outre dans une démarche d'ouverture et de croissance personnelle en recherchant l'accroissement de l'harmonie entre des aspects plus ou moins conscients de l'expérience humaine. Il est donc toujours nommé avec la personne. Il n'est pas en tant que tel limité dans le temps.

Faire prendre forme à « l'inexistant »

Quelle que soit l'histoire singulière de la personne rencontrée, un certain nombre de tâches spécifiques sont à accomplir dans l'accompagnement thérapeutique du deuil périnatal, en vue d'ancrer dans l'intériorité ce sentiment de parentalité éloigné par la mort et de légitimer ainsi la perte du bébé, la souffrance et le deuil. En offrant d'accomplir ces tâches, l'espace thérapeutique permet de reprendre le fil d'un processus de deuil interrompu avant d'avoir pu réellement commencer.

1. Favoriser la séparation d'entre la mère et l'enfant particulièrement lorsque celui-ci est mort à l'intérieur d'elle :

- faire remémorer et revivre les contacts établis avec le bébé au cours de la grossesse ;
- permettre l'expression du sentiment de confusion des frontières entre mort et vivant ;
- œuvrer à la différenciation des espaces corporels intérieur et extérieur, ancrer la distinction des ressentis ;

- affiner les perceptions sensorielles autour du plein et du vide de l'enfant, faire enregistrer au corps la perte qu'il a subie.

2. Permettre la « mise au monde » du bébé malgré la mort :

- faire faire le récit de l'accouchement ;
- procéder à la reconstitution de tous les maillons de la chaîne de la naissance ;
- vérifier et ancrer le sentiment de continuité natale ;
- rétablir un sentiment d'acceptation vis-à-vis du temps « volé »
- favoriser l'appropriation de l'événement comme une naissance à part entière.

3. Reconstruire des traces signifiantes de l'existence de l'enfant :

- favoriser la reconstitution des souvenirs concrets et sensoriels de l'ensemble de l'événement ; « dégeler » les mémoires de toutes les perceptions – visuelle, auditive, kinesthésique, olfactive, tactile et gustative – anesthésiées par le traumatisme de la mort ;
- visualiser la maternité et le bébé, ancrer les images dans le réel ;
- faire dialoguer avec le bébé et organiser le morceau d'histoire de vie vécue au travers de la grossesse, de l'accouchement et de la mort ;
- organiser le face-à-face avec l'anormalité éventuelle du bébé ;
- faire utiliser le prénom donné au bébé ou en faciliter le choix *a posteriori* ;
- faire situer l'enfant dans sa généalogie familiale et dans la fratrie ;
- faire envisager l'autopsie et les causes de la mort comme les traces de l'existence du bébé.

4. Porter une attention particulière au père :

- lui permettre l'expression singulière de sa souffrance, de ses émotions et de sa trajectoire de deuil vis-à-vis de la mort de son bébé ;

- l'aider à positionner sa légitimité spécifique à être en deuil, deuil de quoi ?
- mobiliser l'espace de son imagination autour de l'arrivée future de l'enfant dans la vie quotidienne face à l'envahissement de son imaginaire ;
- favoriser le sentiment d'être écouté, soutenu et respecté dans la formulation de ses différences au masculin ;
- l'aider à ancrer son sentiment d'être père et à s'approprier sa place spécifique par rapport à lui-même et par rapport à la mère.

5. Faire compléter et finir les rituels non terminés ou non effectués :

- permettre la réconciliation avec soi et l'environnement social, ouvrir à la restauration de la confiance avec le monde empathique ;
- favoriser l'inscription du bébé dans un endroit ou registre ayant du sens pour la famille, d'autant plus lorsqu'il n'y a pas d'état civil ;
- formaliser la mise en absence du bébé, organiser la possibilité d'un adieu et d'un laisser partir ;
- faire réaliser une « œuvre » comme représentation concrète du bébé disparu.

6. Évoquer la peur d'une éventuelle nouvelle grossesse qui reproduirait la mort :

- favoriser le désinvestissement de l'énergie négative de la peur ;
- permettre la dissociation d'entre vie et mort dans la situation redoutée ;
- apprendre à récupérer et réorienter l'énergie de la précédente grossesse ;
- faire envisager positivement la prochaine grossesse par l'évocation sensorielle ;
- explorer les dynamiques de transmission transgénérationnelles ;

- permettre la symbolisation de la potentialité génitrice, favoriser l'orientation des vecteurs de l'inconscient vers l'éclosion et l'évolution positive.

Bien sûr, suivant la manière dont chacune et chacun a pu ressentir le vécu de cette expérience, suivant les manques, les besoins et les intégrations spécifiques des uns et des autres, suivant également l'organisation psychique préalable de la personne, il conviendra de renforcer particulièrement tel ou tel autre aspect de ces tâches. Néanmoins je tiens à insister sur le fait que toutes sont essentielles à explorer, à divers degrés de mise en œuvre.

Avec ***Evira***, il a fallu tout particulièrement travailler sur la séparation d'entre la mère et l'enfant et sur les rituels d'adieu, bien qu'elle soit la seule dans les rencontres présentées qui ait pu accéder dans la réalité à l'organisation de funérailles, avec cependant une image fantasmée à la place de l'image réelle de sa fille. Une résonance particulière avec le sentiment d'avoir abandonné sa fille quand elle a eu cette intuition qu'il se passait quelque chose, reviendra de manière récurrente chez elle. La peur de la nouvelle grossesse a été également un axe de travail important.

Claudine a eu besoin également d'affirmer cette sensation de séparation nette pour installer en elle le sentiment d'une véritable naissance – problématique très présente dans toute interruption médicale de grossesse – et d'organiser symboliquement ce rituel d'adieu dont elle a, pour sa part, été privée. La dimension de la souffrance physique en plus dans son corps, sera pour elle très prégnante, ainsi que le besoin d'un face-à-face avec l'anormalité fantasmée.

Laurent aura besoin de travailler particulièrement sur les tâches d'ancrage de sentiment de paternité et d'expression de sa propre manière de « faire son deuil », indépendamment de son épouse, mais également sur la reconstitution minutieuse de tout le processus de naissance duquel il a été exclu.

Je devrai avec ***Christine*** travailler à un double niveau puisqu'il s'agira en effet d'être attentive à toutes les tâches de manière équivalente, mais en outre de l'aider à séparer nettement dans la réalité physique – elle en est empêchée parce qu'ils sont liés dans sa réalité psychique – les deux événements que sont l'IVG et l'IMG. La dépendance du lien à la mère rendant conflictuel pour elle tout accès à la maternité, fera de la potentialité génitrice un axe de travail particulier, tout comme également, la concernant, l'aspect transgénérationnel.

L'ensemble de ces tâches spécifiques induisent un ensemble d'autres tâches autour du traitement du deuil, non spécifiques celles-ci au deuil périnatal, et qui seront menées conjointement dans le parcours, de manière isolée ou associée suivant les cas. Il s'agira en particulier toujours de favoriser la prise de conscience du modèle de deuil construit par la personne, de laisser place à l'émergence de sa souffrance sous toutes ses formes et d'entendre ses ressources propres cachées derrière l'émotion tout d'abord envahissante. Des thèmes comme la honte, la culpabilité, la colère, l'agressivité, la solitude, l'isolement, la perte d'estime de soi, le sentiment de parent raté seront privilégiés dans le travail de mise à jour, d'élaboration et de transformation. Il s'agira bien sûr d'ouvrir la personne sur sa propre reconnaissance de la réalité de la perte et son intégration comme telle, de l'aider à s'ajuster à cette nouvelle réalité et au réinvestissement du désir et de la vie. Il conviendra en outre de favoriser la redéfinition de son « je » en devenir et, sans doute le plus difficile, de l'amener à trouver un sens à la perte.

Légitimer le parent, la mort, la souffrance et le deuil

Les techniques d'activation thérapeutique mises au point par Assagioli n'ont qu'un seul but, favoriser spontanément l'émergence du processus de synthèse et l'ouverture grâce en particulier à la mobilisation de la volonté chez la personne en quête de croissance. Or même si la demande est bien sûr rarement formulée en terme de « croissance personnelle » dans le cas de la confrontation à la mort de son bébé, au détour du deuil il s'agit pourtant bien toujours de ce type de demande inscrite dans les replis de l'inconscient et qui se formule de diverses manières autour d'une sorte de même « je veux en sortir » signant l'état de crise :

Evira : « *Je n'y comprends rien, ça allait plutôt mieux que ça juste après et maintenant j'ai l'impression que je l'ai abandonnée, que je m'enfonce petit à petit et que* **je ne sortirai pas** *de cette frustration de ne pas avoir ma fille avec moi* ».

Claudine : « *Je préférerai être morte avec lui vous savez, mais il faut bien que je vive pour Francine, alors je n'ai pas le choix, je viens vous voir parce que je n'en peux plus,* **je ne m'en sortirai jamais** *de cette douleur, il faut que vous fassiez quelque chose pour moi* ».

Laurent : « *Je n'accepte pas, c'est trop dur de vivre sans lui maintenant, il n'avait pas le droit de me faire ça avec tout ce que j'avais imaginé ! Mais voyez, je n'ai pas dit mon dernier mot, je les aurai avec toutes leurs lois et leurs règlements. Ils n'y comprennent rien eux, Emmanuel, il sera inscrit sur mon livret de famille, je vous le jure... c'est le seul moyen de toute façon pour que* **je puisse espérer m'en sortir**, *en attendant, je viens vous voir* ».

Christine : « *Je ne sais pas si c'est la vie qui m'a trahie ou moi qui ai trahi la vie mais ce que je sais, c'est qu'aujourd'hui* **je ne m'en sortirai pas toute seule** *de ce deuil, c'est pour ça que je suis là* ».

Au travers d'interventions actives, c'est bien à cette trace cachée dans l'inconscient qu'il s'agit de s'adresser, par une pluralité de techniques dont l'association va s'articuler autour d'une alternance appropriée entre les échanges verbaux d'une part, les stimulations dans les approches corporelles et sensorielles ou les visualisations d'autre part ou encore le travail sur les symboles et toute la dimension de l'appel au Soi, en fonction de ce que je perçois de l'état de souffrance. Les différentes techniques, mises au service des tâches à accomplir mais également et implicitement en tant que voie de synthèse personnelle, seront quoiqu'il en soit toujours destinées à mettre davantage la personne en lien avec elle-même au travers de l'événement ; tant avec ses mémoires cérébrales que sensorielles et avec la charge émotive qu'elles contiennent. Elle pourra ainsi aller au contact des personnages intérieurs qui entrent en jeu à son insu dans le tragique qu'elle affronte et lui dictent ses réactions face à cette mort inscrite dans « l'irreprésentable ». Elle sera à même d'identifier puis de mettre face à elle ses peurs et ses angoisses, les croyances qu'elle a construites, les systèmes de défense qu'elle a élaborés, ses besoins et désirs cachés, autant de mécanismes dont elle commencera à découvrir qu'ils ne sont dans ce qui arrive que de multiples répétitions de son histoire passée. Elle pourra alors faire appel à son imagination créative et à son espace de symbolisation pour en sortir. Les forces et les ressources qu'elle possède se feront jour, capables d'efficacité. Ses connaissances profondes s'ordonnanceront et les liens qu'elle y découvre prendront le sens qu'elle leur attribue. Elle se sentira responsable des moyens qu'elle se donne pour avancer et de son choix d'intégration de l'expérience de la perte dans l'ensemble de sa vie.

Raconter, pleurer, crier, s'effondrer, se souvenir, se redresser

Assagioli conseillait vivement de commencer toute approche en psychosynthèse par rendre acceptables pour la personne des situations émotionnelles trop intenses en proposant par exemple des techniques de catharsis avant de passer à l'entraînement imaginatif de désensibilisation puis à l'éducation d'expression créatrice contribuant au processus d'ouverture et de croissance personnelle. La catharsis en effet *« a pour but de libérer le sujet de l'excès des énergies émotionnelles et impulsives »*[1] et fournit donc un outil très adapté à la première « urgence » du traitement du traumatisme du deuil périnatal. Elle ne constitue en revanche pas un but en soi mais s'inscrit toujours dans la perspective de révélation et de libération, d'inclusion et de circulation des énergies bloquées par l'effraction traumatique.

Parmi les diverses techniques proposées par Assagioli pour faciliter la décharge émotionnelle, je retiens particulièrement dans ma pratique celle de « l'expression verbale », qu'en rapport avec mon « éducation québécoise », j'appelle plus volontiers « le récit ». Assagioli invite ainsi à faire et refaire raconter l'événement en proposant à la personne d'en revivre la dimension dramatique, jusqu'à ce que la charge émotionnelle se dissipe d'elle-même par les décharges successives.

1. Assagioli R., *Psychosynthèse, Principes et techniques*, op.cit., p. 110.

> J'invite pour ma part la personne à faire une narration minutieuse depuis l'annonce de la mort ou de la malformation jusqu'aux funérailles – quand elles ont pu avoir lieu.
>
> Je lui propose de rester le plus possible en contact avec toutes ses perceptions sensorielles – visuelle, auditive, kinesthésique, olfactive, gustative, tactile –, ce qui n'était *a priori* pas naturel pour Evira, Claudine, Laurent et Christine, et à décliner en détail les lieux, les personnes, les gestes, les mouvements, les absences, les silences, les impressions, les sensations, les sentiments.
>
> Je fais compléter les détails, les phrases non finies, reformuler éventuellement, j'écoute et respecte les silences, j'accueille les émotions mais dans un premier temps sans intervenir dedans, je laisse boucler, finir le récit jusqu'au bout au moins une fois, je vérifie avec la personne avant de terminer que « tout a été dit » pour l'instant présent.

En plus de son effet cathartique « libre », le récit permet en particulier[1] :

1. À la personne endeuillée :

- d'explorer l'événement en son entier, de se souvenir, de le rassembler de manière chronologique, de « A à Z », souvent pour la première fois, de se le réapproprier et de reprendre le fil d'elle-même dans sa propre histoire souvent ressentie comme « volée » ;
- d'opérer une première forme de reconstitution et d'ancrage dans le réel, de « vérifier » par sa mémoire sensorielle qu'elle n'a pas rêvé, comme elle imagine qu'on voudrait lui faire croire ;
- de mettre en scène à son insu ses personnages intérieurs ;
- de se donner accès à sa souffrance et à la charge émotive que contient l'événement dans la mesure de ce qu'elle peut assumer au moment de la rencontre ;
- d'autoriser la résurgence de certaines mémoires (images, dialogues, émotions, gestes, parfums, médicaments) anesthésiées par le traumatisme et rattachées à l'événement ;

1. Aménagé à partir de Deslauriers G., *Le deuil : « Pour mieux vivre »*, op. cit.

- d'actualiser progressivement la perte en actualisant les différentes mémoires de la présence ;
- de faire éventuellement émerger d'autres sentiments et d'autres événements appartenant au passé et qui refont surface à l'occasion de ce décès, de prendre conscience de leur rapprochement en terme de similitude et d'intensité de souffrance engendrée, tout comme de leur dimension inachevée et envahissante par rapport à l'événement relaté et à la vie en général.

2. Au thérapeute :

- de constater l'état de la personne endeuillée et de lui y donner accès ;
- de repérer ses vecteurs de communication privilégiés ;
- de remarquer les endroits du récit et les thèmes où la souffrance et l'absence se manifestent le plus ;
- de relever là où la charge émotive est la plus lourde, de trouver un point d'entrée pour mettre en œuvre d'autres techniques ;
- de repérer les mécanismes de défense les plus évidents organisés depuis l'enfance et venant aujourd'hui contribuer à l'empêchement d'une avancée dans le processus de deuil ;
- d'entrevoir les prémices des attitudes de transfert et de noter quelles pourraient être les projections de figures archétypales faites sur lui.

La répétition du récit permettra de mettre en évidence des « nœuds » différents dans l'histoire et de repérer les évolutions d'un récit à l'autre en débusquant la charge émotive résiduelle.

Ainsi ***Evira*** aura-t-elle besoin en fait de trois récits complets de l'événement pour se laisser aller à ses pleurs lorsqu'elle me dit : *« Vous savez, quelquefois, c'est comme si je la sentais encore, là, à l'intérieur »* et se remémorer alors qu'on lui avait bien proposé de voir Charlaine mais que c'est elle qui n'avait pas voulu la voir à cause de ses peurs. Les récits antérieurs étaient restés centrés sur le fait qu'elle n'avait pas *pu* la voir, se laissant entendre à elle-même que personne ne le lui avait proposé avant son accouchement ni ne l'y avait encouragée avant les funérailles.

Claudine en revanche pleurera abondamment dès le premier récit et il faudra prendre le temps ensuite de re-raconter l'histoire morceau par morceau afin « d'épuiser » suffisamment une confusion émotionnelle débordante et débridée portant très généralement sur le fait que « *Nicolas soit oublié* », pour ensuite pouvoir reprendre des charges émotives plus « précises » demandant à modifier la situation intérieure sous-jacente de façon plus ciblée. Comme par exemple l'attente interminable des résultats de l'amniocentèse, le geste fœticide qui a tué le bébé, la souffrance de son enfant, l'annonce de la malformation, le bébé qui bougeait dans son ventre avant de mourir, l'abandon de Nicolas à son sort, l'incompréhension.

Laurent redira plusieurs fois combien le simple fait de faire le récit du début à la fin a été bénéfique pour lui et lui procure un grand sentiment d'exister en tant que père. C'est le seul endroit où il ait jamais pu faire ça car son environnement passe davantage de temps, au mieux, à lui demander comment va sa femme qu'à s'attarder de savoir comment il va lui et comment il a pu vivre cet événement.

Christine également, dira le bénéfice et le soulagement qu'elle ressent de simplement pouvoir raconter ce qui lui arrive sans avoir l'impression d'être jugée ou de devoir faire attention de ne pas choquer, ni faire peur ou faire fuir.

« Voir » pour regarder

Lorsque fait défaut le support du réel, que ce soit essentiellement ou conjoncturellement, les visualisations sont des techniques d'un grand secours. Elles font appel à l'imagination comme fonction évocatrice et créatrice d'images et sont spontanément actives et efficaces à condition d'être canalisées. Il est ici important de souligner que je fais une distinction fondamentale entre imagination et imaginaire. La première est une fonction qui loge dans l'inconscient supérieur, elle fait partie de ces inspirations les plus hautes de l'être, au service entre autre de la puissance de symbolisation – c'est pourquoi elle nous intéresse directement –, ouverte sur une dimension créatrice contenue dans l'énergie latente qu'elle représente. L'imaginaire quant à lui est une production de l'inconscient inférieur enfermant dans les scénarios du passé. Il est l'expression mentale ou corporelle de la répétition inconsciente des conflits infantiles non résolus auxquels l'individu – non individué – est resté fixé ; la perception de son imaginaire s'imposant alors pour lui comme « LA » réalité. Mais le lien permanent « Je/Soi », nourricier de l'être, est susceptible de transformer la perception de cette réalité imaginaire en une réalité dite ici « imaginale », production autonome de l'imagination, qui peut venir s'y substituer durablement pour peu qu'elle soit ancrée dans toutes les perceptions sensorielles de l'être. Il se crée alors un centre interne à partir d'une réalité ressentie, fondamentalement différente de la perception imaginaire d'origine.

Les visualisations font donc appel à l'imagination en tant qu'alliée, mais du fait de la perméabilité des « séparations » des différents champ de la personnalité que j'ai déjà décrite, elles mobilisent également toutes les autres zones de l'inconscient et servent autant à élaborer une connaissance de soi par la découverte de nouveaux éléments qu'à créer une dynamique susceptible de faire émerger la charge émotive – connue ou non – contenue dans l'expérience du deuil. Cette approche est d'un apport essentiel dans l'accompagnement du deuil périnatal car d'une part elle légitime le travail à partir de la charge émotive décrite plus haut mais d'autre part elle permet une prise d'autonomie de plus en plus grande de la personne par rapport à la réalité sociale envahissante et à l'imaginaire qui renforce précisément les croyances négatives et invalidantes venant se greffer sur cette réalité.

J'utilise donc la manifestation émotionnelle perçue dans le récit pour proposer à la personne d'explorer l'état dans lequel elle se trouve présentement en y entrant par exemple par le biais de l'évocation encore plus détaillée de la scène qu'elle est en train de raconter ou d'une image susceptible de représenter cette scène ou encore d'un objet qui pourrait me « montrer » symboliquement dans quel état intérieur elle se trouve effectivement :

> Je l'invite à fermer les yeux ou bien à les garder ouverts en fixant un écran blanc posé sur le mur (s'il y a par exemple trop d'angoisse encore à fermer les yeux).
>
> Elle laisse ensuite se dérouler son scénario, dans lequel elle se projette et qu'elle peut vivre dans toutes les dimensions sensorielles de son être, en me racontant ce qui se passe pour elle.
>
> Elle agit, se mobilise, crée ses attitudes, précise ses ressentis et ses tensions, entend ses besoins, lâche sa charge émotive ;
>
> là où cette dernière se manifeste le plus vivement, je propose et guide par exemple une entrée en relation avec le personnage, l'image ou l'objet central du scénario avec qui il semble qu'il y ait quelque chose à faire, dire, finir ; je favorise le dialogue qui s'instaure jusqu'à épuisement de ce qui est présent dans l'instant et la personne invente sa propre manière de « sortir » et quitter la scène de la meilleure façon qui soit pour elle compte tenu de ce qui vient de se passer.

Cette technique permet à chacune des personnes d'accéder à ses propres images signifiantes. « Voir » au-dedans de soi permet de poser devant soi ses productions intra psychiques en tant que réalités autonomes. Il est ainsi possible de les regarder, de se les approprier et d'envisager sa responsabilité dynamique d'un devenir « avec ». Comportant énormément de variantes possibles, les visualisations se présentent comme un moyen très souple d'encourager la personne endeuillée à aller directement à la rencontre des situations à réparer, des comptes à régler, des dialogues à rétablir, des sentiments à préciser, des reconstructions à opérer, des histoires à compléter et terminer.

Evira a pu ainsi à plusieurs reprises revivre tout son accouchement et positionner très clairement sa peur de voir Charlaine et ses attachements à des images monstrueuses, pour laisser émerger au-delà une figure douce et tranquille « *de petite fée Clochette* » qui lui a permis de stopper net ses cauchemars dès la nuit qui suivit la séance où elle a pu voir cette image qui se superposait à celle des photos de Charlaine dont elle disait régulièrement qu'elles n'étaient pas suffisantes pour elle. Cette « connexion » a pu s'établir après plusieurs invitations également à entrer dans le scénario de son cauchemar pour le mettre en scène elle-même, intervenir dessus, le modifier, le terminer autrement.

Les dialogues intérieurs qui se sont rapidement instaurés entre ***Evira*** et sa fille à mon invitation lui ont permis de libérer la colère de son départ, de rejouer plusieurs fois les scènes qu'on lui avait « volées » en dehors de l'accouchement lui-même, comme le temps avec Charlaine pour la laver, l'habiller, la tenir dans ses bras, la bercer, l'embrasser, la veiller avant qu'on « *ne l'enferme dans cette boîte noire toute seule* », la voir et la revoir encore, jusqu'à ce qu'elle dise elle-même un jour que c'était « *bien comme ça et que maintenant, elle pouvait mieux partir* ».

Elle a été particulièrement aidée par toutes les visualisations qui ont contribué efficacement, avec parfois des techniques corporelles associées, à installer sa représentation psychique de Charlaine pour laisser se dissoudre sa sensation physique « *de l'avoir encore à l'intérieur* ». En outre, les « résultats » dont elle bénéficiait lui ont permis également de réhabiliter à ses yeux sa propre imagination et de commencer d'apprivoiser cette dimension d'elle-même jusque-là inconnue.

Claudine pourra également par les visualisations et les dialogues successifs accéder en particulier à cette reconstitution complète de la chaîne de la naissance dont elle a été très précocement privée. Elle dira que Nicolas « *a eu droit lui aussi à sa naissance* » et que, elle, sa maman, « *peut s'octroyer le droit d'être une vraie maman* ». Elle se verra couchée en train de dialoguer avec une femme debout qui l'invite à se lever et à prendre son enfant qu'elle lui présente dans ses bras. Elle verra également Nicolas en petit bébé, nager au milieu des roseaux pour venir la retrouver et lui crier « *maman !* » et encore d'autres appels de ce type qui installeront solidement au fond d'elle le sentiment d'existence de son fils et une forme de légèreté inconnue malgré sa douleur.

Laurent quant à lui remettra ainsi en place tout ce morceau d'histoire qu'on lui a volé, son éloignement de sa femme à la maternité et sa sensation de n'avoir pas pu continuer de s'accrocher au sentiment d'être père après l'annonce de la mort d'Emmanuel du fait de sa privation d'assister « *comme il l'avait prévu* » à l'accouchement. Je lui proposerai de re-penser, re-voir, re-sentir, re-composer, re-entendre, re-jouer, re-toucher par les visualisations toutes les scènes de la maternité auxquelles il n'a pu assister. Il se sentira particulièrement libéré par cette reconstruction possible en images de l'accueil de son fils dès sa naissance et de la toilette de son petit corps sans vie.

Un exemple de visualisation guidée, peut-être encore donné ici avec ***Laurent***, je l'ai particulièrement utilisée avec lui pour l'aider à éprouver le sentiment d'être père face à son bébé disparu. Cet exercice peut être fait à voix haute ou en silence avec, si l'on veut, un fond musical :

> Inviter à fermer les yeux et à prendre simplement contact avec sa respiration ;
>
> s'imaginer sur la plage, face à la mer, imaginer les couleurs... les formes... les objets... les odeurs... les sons... la sensation du sable sous le corps... .
>
> Profiter de cet instant de paix et de tranquillité sans retenue, librement, sans s'arrêter sur les pensées qui ne font que passer... goûter...
>
> Puis inviter à imaginer au loin sur la plage un tout petit point qui bouge tranquillement en venant vers soi. En se rapprochant, ce petit point s'identifie comme étant le bébé décédé... Imaginer son apparence... sa taille... son allure... ses formes... les traits de son visage...
>
> le laisser approcher le plus près possible de soi,
>
> imaginer alors très spontanément ce qu'on aimerait dire à son bébé, ce qu'on aimerait lui faire, et laisser le bébé répondre à son tour, dire ce qu'il aimerait dire et faire,
>
> laisser s'installer le dialogue autant que nécessaire...
>
> Quand il est vérifié que tout est dit, demander de se voir en face-à-face avec son bébé et d'imaginer que se créent des fils allant de l'un à l'autre.
>
> Être attentif d'où partent les fils sur le corps et où ils vont s'ancrer sur le bébé...
>
> Puis se voir reculer de quelques pas (il est possible de faire cet exercice debout et de reculer physiquement) et être attentif à ce qui se produit au niveau des fils...
>
> Après quelques instants, demander d'imaginer le bébé se reculant également,
>
> être encore une fois attentif à ce qui se passe au niveau des fils ;
>
> après un temps suffisant, proposer de voir s'il y a à présent d'autres paroles à dire ou des gestes à poser de part et d'autre...
>
> Prendre le temps de quitter le bébé et de lui dire au revoir.

Laurent la première fois n'a visualisé aucun fil, cela lui était impossible. Plus tard, il me dira ne « rien » voir ; alors que je lui demandai de me décrire ce « rien », il évoquera comme « *un gros enchevêtrement de trucs dans tous les sens, plutôt rigides, embrouillés dans une sorte de boule, sans début et sans fin* ». C'est en renouvelant plusieurs fois cette visualisation, afin de lui donner accès à une vérification pour lui-même de l'évolution de son sentiment, qu'il a pu imaginer des fils se créer, très rigides encore dans un premier temps, puis souples, élastiques, et s'établissant en un double faisceau croisé partant de son cœur vers toutes les parties du corps d'Emmanuel et du cœur d'Emmanuel vers toutes les parties de son propre corps.

Christine, grâce à une visualisation spontanée, a repris contact avec son bébé et a pu défaire une angoisse très forte autour du devenir de son corps. Elle exprimait beaucoup de souffrance de ne pas savoir où il pouvait être. La réalité ne lui offrant que peu de support pour répondre à cette question, je lui ai proposé d'explorer cela en imaginant comment elle pourrait se contacter à ce « *bébé perdu* ». Christine plongea tout de suite dans un scénario extrêmement réparateur à l'issue duquel elle pu voir tout un rituel de remise de sa fille, de ses propres bras à ceux de sa grand-mère décédée, après la traversée d'un long tunnel qui débouchait sur une lumière intense et belle mais non aveuglante dans laquelle se tenait sa grand-mère qui lui tendait les bras et recevait sa fille en la nommant « Clémence ».

Sa description ressemblait étonnamment aux récits des expériences de NDE[1] et son visage s'illuminait effectivement à mesure qu'elle « avançait » dans son scénario au rythme des images. Christine fut très apaisée par cette visualisation qui intervint très vite au début du parcours. Elle a pu en effet ce jour-là, non seulement sentir la sérénité d'un devenir du corps de son bébé qui lui convenait, mais également elle a pu pour la première fois donner un prénom à sa fille et en prendre immédiatement possession dans sa représentation interne.

1. NDE : Near Death Experience, expérience de coma dépassé.

Du corps « repaire » au corps « repères »

De même que le mental tisse un scénario imaginaire, le corps lui aussi s'en trouve dépositaire à sa manière en conservant en lui des traces de chaque traumatisme et de chaque souffrance. Notre corps imaginaire correspond ainsi à notre image inconsciente du corps, fixée à un moment du passé et dont les symptômes habituels sont réactivés par le traumatisme actuel. L'imaginaire en route affecte pleinement le corps tout comme le deuil l'affecte lui aussi. Mais notre corps est également dépositaire d'une mémoire positive et il est synonyme d'énergie que l'on peut mobiliser en tant que telle.

Il s'agit donc de mieux connaître ce corps, de l'apprivoiser et de repérer quels en sont les segments animés et ceux moins ou pas animés, de mieux l'entendre et l'écouter afin d'en faire un « outil » fiable et efficace comme la visualisation, en modifiant la perception de son image inconsciente pour le faire devenir partie intégrante et consciente de la personnalité dans son ensemble. L'éveiller ainsi à devenir un allié bienveillant du mental et non un concurrent, un lieu depuis lequel on ne « cherche » pas de réponse mais on ose laisser venir la sensation de recevoir ce qui est.

Avec ***Laurent*** et ***Christine***, j'utiliserai régulièrement cette visualisation qui les aidera à positionner davantage leur corps réel par rapport à leur corps imaginaire :

> Prenez contact avec votre corps, vos sensations, portez attention à tout ce qui s'y passe sans juger, juste en observant...
>
> Imaginez à présent que quelqu'un vous regarde...
>
> Qu'est-ce qu'il verrait de vous... de votre visage... de votre expression... de votre gorge... . Et ainsi de suite avec toutes les parties du corps... ?
>
> (suivant le moment du travail, on peut rajouter : de votre culpabilité... de votre manipulation... etc.)
>
> Aurait-il envie de venir vers vous ? Comment ?

Il est possible également par exemple d'éduquer dans un premier temps à sentir son corps, comme je l'ai souvent fait avec ***Laurent***,

> en invitant simplement à poser la main sur une partie du corps en contact avec la peau, puis de prendre le temps de sentir ce qui se passe et de décrire la sensation physique. On peut aussi ensuite inciter la personne à venir respirer derrière sa main en y mettant toute sa présence.

Ou encore de proposer une attention à une partie du corps ou bien de marcher lourdement tout en continuant de parler afin de « défusionner » la personne de son discours.

Christine, par exemple, sur cette proposition de marcher avec moi pour me raconter comment elle s'était sentie « *coincée* » par l'annonce du handicap de son bébé, me dira presque instantanément « *ah mais, ça n'est pas du tout pareil comme ça !* » et sentira une force musculaire dans ses jambes qui lui suggérera une manière de « *rebondir* » sur l'événement qu'elle n'avait pas imaginée jusque-là.

Je peux être amenée à travailler avec la relaxation guidée, l'attention à la respiration intérieure, le voyage dans le corps, ou simplement l'observation telle que je la décris plus haut, qui favorisent le travail sur l'intérieur de soi tout en procurant un plus grand calme et une sensation accrue de présence à l'ici-et-maintenant, précieux dans la réduction de la charge émotive et en appui des visualisations. Travailler ce corps-présence permet en effet d'éveiller au lâcher-prise du mental pour installer la personne dans son être davantage que dans sa personnalité qui, elle, a déjà pré-inscrit un modèle de deuil attaché aux croyances de son histoire passée. Le « oui » à l'ici-et-maintenant s'offre alors comme possible par l'attention à la sensation corporelle et ouvre des voies de dégagement du modèle de deuil habituel. La relaxation guidée et l'attention à sa respiration, à ses tensions dans le corps, ont pu aider ***Evira*** à mieux différencier ses sensations et ses ressentis et à distinguer ce qui, en elle, était la mémoire du temps où Charlaine « *habitait dans son ventre* » de celle de maintenant où elle n'y était plus. Elle a pu éprouver des impressions différentes entre le plein et le vide et sentir également, en le décrivant, en l'habitant de sa respiration, que le vide était bien le signe de la naissance de Charlaine. « *Mon corps a bien enregistré je crois maintenant* » m'a-t-elle dit un jour. Son « corps-objet » de frustration était devenu davantage « corps-sujet » de sa propre histoire.

Je fais également appel à l'amplification de la gestuelle, le travail sur les attitudes, les jeux de rôle, les mimes. Ce travail sur le corps-mouvement, en écho au corps-présence, favorise de surcroît la prise de repères par rapport à soi-même et au monde extérieur. Il conduit vers la prise de conscience de souvenirs et de nouvelles découvertes sur soi ainsi que leur intégration dans l'accomplissement d'une plus grande totalité de la personne.

C'est en remarquant le geste que faisait sans cesse ***Evira*** en me montrant son ventre quand elle parlait de Charlaine, et en lui proposant d'amplifier ce geste, encore et encore, qu'elle a hurlé puis pleuré pour la première fois sa colère que sa fille soit partie de « *là* ». C'est lorsque j'ai fait jouer à ***Claudine*** qui me disait son impossibilité de couper le cordon avec Nicolas, cette coupure impossible, en choisissant elle-même ce qui convenait dans un coffre à jouets – un très gros nounours brun, un beaucoup plus petit tout blanc, un morceau de tissu rouge dont elle a fait comme un ruban – qu'elle a ressenti dans son corps une libération « *brutale mais salutaire* » en tirant violement sur le morceau qu'elle avait fixé autour de la taille du gros nounours. Alors que je l'invitai à me dire ce qui s'était passé pour elle au cours de cette scène qu'elle avait enrichi de beaucoup d'autres personnages – médecin assassin, sage-femme trouillarde, anesthésiste empoté, mari courageux, mère écrasante, petite sœur en pleurs, grand-père protecteur – sa priorité a été de se diriger de nouveau vers le coffre à jouets pour trouver des vêtements, habiller le petit nounours blanc des pieds à la tête et le bercer dans ses bras. « *Voilà ce que j'aurais tellement voulu faire... Nicolas méritait bien ça, maintenant je peux me le représenter au dehors et je m'en moque des autres, je n'ai pas vu quand ils ont coupé le cordon puisqu'ils ne m'ont pas laissé voir, j'étais dans le cirage, mais ils l'ont fait bien sûr et Nicolas est né de ce geste, ça aussi c'est sûr, je viens de le ressentir fort, là en moi* ». ***Claudine*** ancre cette représentation comme repère dans son corps conscient qui lui a servi de repaire inconscient jusqu'ici. Et c'est de ce repaire qu'elle exhume ses personnages environnants à l'événement, dont il lui apparaît du même coup qu'ils habitent autant son présent que son passé historique mais sont tous, quoiqu'il en soit, agissants dans un « présent-instant » intérieur.

Laurent a particulièrement du mal à prendre contact avec ses tensions corporelles et à mettre en jeu son corps d'une manière générale. Il rentre en revanche très facilement dans les visualisations. Je lui propose l'exercice du « huit » - ∞ - sur une musique à un moment où il me dit être « coincé » pour exprimer à sa femme sa difficulté à se sentir vraiment père vis-à-vis d'Emmanuel.

> Debout, les pieds légèrement écartés,
>
> inviter à dessiner un mouvement de huit avec le bassin d'abord, le plus ample et souple,
>
> laisser s'entraîner de soi-même dans le mouvement les jambes, les pieds puis le haut du corps,
>
> sentir la fluidité et le mouvement, repérer les tensions,
>
> prendre le temps de sentir les zones qui ne bougent pas, les mettre en mouvement,
>
> poursuivre ce mouvement,
>
> puis, revenir dans l'axe naturellement et sentir la respiration qui monte dans la colonne vertébrale.

Laurent évoque immédiatement l'énergie sexuelle qu'il a sentie monter en lui et l'image d'Emmanuel dans un médaillon ressemblant à celui que porte sa grand-mère autour du cou. Pour lui, c'est l'inscription de son fils dans sa généalogie familiale. Il exprime son bien-être à avoir pu le ressentir de cette manière et se sent plus solide dans son sentiment de paternité. La sensation éprouvée d'une colonne d'air l'aide de surcroît à se grandir, se redresser et sortir de l'énergie dépressive du deuil enkystée dans toutes les rigidités de son corps.

Une autre technique de jeu de rôle faisant cette fois intervenir l'observation aimante et non jugeante du Soi peut être présentée avec ***Christine*** pour illustrer la manière d'aider à sortir d'une position clivée entre deux émotions, situations, attitudes, aspects de soi, etc. Christine était en conflit intense et dans une grande souffrance de ne pas partager avec son mari le même point de vue quant au rapport d'autopsie du bébé. Il voulait en avoir lecture, elle ne voulait pas en entendre parler, ça ne servait à rien pour elle et d'ailleurs, elle n'était pas d'accord au départ pour que cette autopsie soit faite. Chacun campait sur sa conviction mais voulait rallier l'autre à son avis :

> Faire exprimer verbalement la souffrance et la position intenable,
>
> placer deux coussins face à face et faire attribuer par la personne les places respectives des positions conflictuelles qu'elle a à affronter.
>
> Proposer que les deux figures s'adressent alternativement l'une à l'autre à voix haute depuis leur coussin respectif, faire tourner les rôles et les places d'abord lentement puis de plus en plus vite ;
>
> puis stopper l'alternance et proposer à la personne de venir s'asseoir, comme au sommet d'un triangle, au milieu des deux positions (position du Soi) ;
>
> inviter à observer en silence depuis cette place, sans juger, quels sont les besoins des deux positions respectives, prendre le temps de sentir ce qui se passe en regardant l'une puis l'autre alternativement, se voir à la place d'une instance supérieure, bienveillante et aimante.
>
> Revenir aux places d'origine et proposer alors de rejouer les rôles en exprimant cette fois les besoins de chacune des positions ressenties dans la position du Soi, mettre en scène le modèle idéal, faire tourner ;
>
> stopper, revenir de nouveau dans la position du Soi, observer le résultat, faire s'exprimer sur le ressenti.

Christine exprime un très grand soulagement, comme une grande chaleur au niveau de la poitrine et dit qu'elle peut à la fois ressentir son attachement à ce qu'elle désire en même temps qu'une réelle indifférence. Elle comprend mieux son mari et il lui apparaît que ses besoins à lui peuvent en fait être aussi les mêmes que les siens, en particulier quand elle l'a « entendu » dire qu'il lui fallait à lui ce résultat d'autopsie pour se sentir « père de quelqu'un, non plus de quelque chose ». Elle fait ainsi le rapprochement avec son avortement qui n'avait été qu'un « quelque chose » raté et elle prend soudain conscience que cet examen *post mortem* est finalement la seule trace qui enregistre l'existence de son bébé dans un document officiel depuis qu'il est sorti de son ventre.

Quelles qu'elles soient, ces approches visent en quelque sorte à confier au corps le questionnement ou la souffrance envahissant la personne afin que de celui-ci surgisse spontanément une parole neuve qui vient s'imposer d'elle-même comme une évidence libératrice jamais entrevue jusqu'alors.

Le secours des sens, reconstituer des mémoires

Dans le but de renforcer ce qui vient d'être décrit, accompagner la personne à devenir attentive à ses perceptions sensorielles peut lui permettre d'élargir son champ de conscience d'elle-même et d'accéder à des souvenirs anesthésiés par l'événement traumatique. Ces perceptions sont accessibles également par les fonctions de l'imagination et de l'intuition et permettent d'atteindre un pan de la réalité ancré en soi mais occulté de la conscience. Il est ainsi possible de « rapatrier » dans le réel des images et des scènes vécues venant concourir à cette indispensable installation de l'existence de l'enfant dans la représentation parentale.

Il s'agit de combiner la visualisation avec la concentration et l'attention en sollicitant une évocation visuelle ou tactile, olfactive, cinétique, gustative, auditive et en mettant éventuellement le corps en mouvement. Cet « entraînement » est d'une grande utilité pour renforcer l'efficacité de toutes les autres techniques, fondées sur la mise en éveil de toutes les perceptions sensorielles. Ainsi par exemple, dans la dimension de l'immédiateté, « faire souvenir » de son bébé décédé par la remise en éveil des perceptions multiples ressenties avant, pendant et après l'accouchement, mobilise chez la mère en particulier, des zones sensorielles archaïques qui favorisent l'élaboration des stimuli auxquels son inconscient a été soumis alors que son corps, précisément, se vidait de sa substance vitale.

Se désidentifier des attachements perturbateurs

Assagioli affirme que nous sommes dominés par tout ce à quoi notre moi se laisse identifier mais que nous pouvons en revanche dominer, diriger et utiliser tout ce dont nous nous désidentifions. La psychosynthèse propose en effet comme tâche centrale de se désidentifier de toutes les « identifications partielles » que constituent nos rôles sociaux et nos fonctions psychologiques prédominants, fausses perceptions de notre identité que nous avons cependant tendance à prendre pour notre vraie et unique personnalité ; au point qu'il nous devient impossible de connaître réellement tous nos contenus de conscience ni même d'avoir conscience que ces contenus existent en tant que tels.

Ainsi que je l'ai mentionné au début de ce chapitre, le *Je* de l'être vu par la psychosynthèse est à la fois distinct mais non séparé de ce qu'Assagioli nomme nos « subpersonnalités ». Représentant les diverses facettes et niveaux de notre identité, chacune d'elle a son style, sa motivation propre et son organisation qui colorent notre perception du monde et influencent notre manière d'être ; *« pour chacune d'elles, nous pouvons ainsi développer une image correspondante de nous-même puis, également, un ensemble de tensions physiques, de gestes, d'états d'âme, de comportements, de manières de parler, d'habitudes et d'opinions »*[1]. Elles fonctionnent souvent hors de notre conscience et ne se présentent à cette dernière que lorsqu'elles sont éveillées par des situations particulières de la vie. La découverte de ses subpersonnalités par la personne endeuillée, leur visualisation, leur exploration dans toutes leurs composantes gestuelle, émotive et comportementale, vont lui donner un moyen de prendre conscience du chef d'orchestre qui les régit, le *Je* en tant que centre unificateur et en tant qu'il est actuellement identifié aux perturbations encourues par le traumatisme du décès. Leur mise en scène autorise de les reconnaître et du même coup de pouvoir quitter une ou des identifications avec un grand sentiment de libération pour les observer, sans plus se croire tout entier réduit à elles et à tous les aspects d'elles qui se répètent au quotidien. Émerge alors des parties saines de l'être un « j'ai » distinct du « je suis » habituel et réduisant la personne aux seules manifestations perturbatrices de son deuil. C'est à partir de ces prises de conscience qu'il devient possible de reformuler

1. Ferrucci P., *Votre épanouissement personnel par la psychosynthèse*, Paris, Retz, 1982, p. 35.

les « je suis » en deuil, « je suis » mal, « je suis » coupable, etc., en « j'ai » un deuil à traverser, « j'ai » un mal-être en moi, « j'ai » un sentiment de culpabilité, etc. Peut ainsi se dégager progressivement de l'expérience intérieure cette « évidence » soudaine pour la personne qu'elle « a » telle ou telle souffrance à traverser mais qu'elle « n'est pas » sa souffrance. Ouverture qui l'autorise du coup à croire qu'elle n'est pas ce bloc monolithique qu'elle avait imaginé être et qu'il existe bien quelque part en elle un espace de vie resté intact malgré l'impact traumatique qu'elle vient de subir.

La « désidentification » tour à tour de chacune des identifications invalidantes pour la mise en route du processus de deuil et dans une perspective plus large au plan de la personnalité tout entière, libère de ce qui est en fait l'illusion de soi au travers des identifications partielles. Elle permet de retourner au véritable soi en mettant au jour non seulement la subpersonnalité la plus apparente mais en débusquant également celle cachée en arrière-plan : la peur derrière la domination par exemple, la rage derrière la soumission, la vulnérabilité derrière l'agressivité, etc. Cette découverte, parce qu'elle n'a aucune connotation de jugement dans l'espace thérapeutique, remet la personne dans le véritable contact à elle-même susceptible de lui révéler quels sont ses « personnages » intérieurs réactifs à sa douleur présente. Elle peut alors décider d'agir directement sur eux, soit en les désinvestissant, soit en les utilisant de manière plus fluide et appropriée à un comportement libre et responsable, soit encore en s'adressant à eux afin de modifier sa perception d'eux-mêmes et de réorganiser son rapport à eux dans un équilibre plus harmonieux. *Je* sujet de la conscience admet alors effectivement qu'il est distinct des contenus de la conscience, il réalise qu'il peut se désidentifier de ses attachements et il n'est de fait plus le même que lorsqu'il était identifié à son deuil, à ses maillons manquants, à ses émotions, à son sentiment d'injustice, à sa charge négative, à sa revendication de reconnaissance, etc. Le moi habituel contenant le modèle de deuil de la personne est ainsi éveillé à la présence existentielle. L'ouverture et la désidentification amènent à une conscience du « moi-Soi » dans un processus libérateur d'élargissement de la conscience.

L'exercice type de désidentification qui suit aide à prendre conscience de cette différenciation « j'ai/je suis » en favorisant le contact avec l'essence de soi-même, plus large, plus grand que soi. Il conduit également à une meilleure intégration de toutes les autres techniques de désidentification que l'on peut employer en travaillant sur les subpersonnalités.

Sur un fond musical éventuellement, qui facilitera la détente corporelle, il peut être fait allongé ou assis, sous forme de relaxation guidée laissant de grandes plages de silence entre chaque interventions :

> Commencer par demander à la personne de prendre contact avec sa présence ici-et-maintenant, en particulier par l'attention à sa respiration.
>
> Puis proposer d'être à l'écoute de son corps, de tout ce qui s'y passe, observer, accueillir, laisser passer toutes les sensations, les tensions, les rigidités, les conforts et inconforts, etc. Et se répéter intérieurement : « J'ai un corps physique »...
>
> ...
>
> Donner amplement du temps pour cette observation...
>
> ...
>
> Puis proposer de sentir ce corps dans toutes les dimensions repérées et de se dire toujours intérieurement : « J'**ai** un corps physique... mais je ne **suis pas** ce corps physique... et je suis plus grand que ce corps »...
>
> ...
>
> Proposer ensuite la même démarche avec les émotions et les sentiments,
>
> observation..., puis : « j'**ai** des émotions, des sentiments... mais je ne **suis pas**... et je suis plus grand que... »
>
> ...
>
> Et avec les pensées et les idées,
>
> observation..., puis : « j'**ai** des pensées, des idées... mais je ne **suis pas**... et je suis plus grand que... »

Laurent exprimera une sensation de plus grande stabilité et ***Christine*** dira que c'est comme si elle se voyait de plus haut, depuis « *un point mirador qui peut scruter le paysage dans toute son étendue* », et comme si elle pouvait un peu mieux vivre sa souffrance de là-haut, en tout cas dialoguer avec elle.

Il existe une multitude de façons de travailler sur les subpersonnalités agissant négativement comme « alliées » dans le blocage du processus de deuil. Qu'il s'agisse de leur donner un nom de fonction, de fleur, d'animal ou quoique ce soit d'autre à la manière du « portrait chinois », qu'il s'agisse de les mettre en mouvement, en jeu scénique, d'observer leurs attitudes, leurs comportements, leurs ressentis, leurs besoins ou leurs peurs, qu'il s'agisse encore de leur faire associer des images ou des perceptions sensorielles, des sentiments, les croyances qui y sont attachées, de regarder leurs avantages et leurs inconvénients, de leur donner de l'ampleur ou de les mettre face à leur opposé pour créer une tension susceptible de laisser émerger une synthèse nouvelle... , il s'agira toujours de les repérer avec bienveillance et amour pour installer une fluidité, une souplesse, une sensation de va-et-vient, un sentiment subtil et intense à la fois que « quitter » est possible sans danger.

Evira réalisera ainsi par exemple combien « la frustrée » s'oppose en permanence à la « soumise gentille » et combien ces deux subpersonnalités ont conduit le vécu de l'événement de la mort de sa fille « à sa place ».

Claudine pourra nommer ce mode opératoire ancré en elle depuis toujours, fonctionnant sur le « il-faut-que » et le reconnaître comme « *handicapant* » en faisant clairement référence aux divers handicaps toujours présents dans sa vie depuis l'enfance. Elle mettra également à distance sa colère en remarquant qu'il lui est aussi difficile de la quitter que de quitter Nicolas, une manière de repérer d'une part l'amalgame qu'elle fait entre eux deux et d'autre part celui qu'elle fait avec son vécu des séparations dans l'enfance.

Laurent prendra conscience de sa vulnérabilité derrière le manipulateur et acceptera de regarder les étapes et les personnages de l'accouchement « *avec d'autres lunettes* ».

Christine bénéficiera beaucoup de ce travail pour repérer ses identifications à une mauvaise image de son corps et à sa croyance de ne pas « *savoir* » être mère comme sa propre mère et sa grand-mère maternelle qui ont « *vraiment été incapables dans ce rôle* ».

Savoir diriger ses énergies

L'énergie psychique est en elle-même neutre : il nous revient de décider comment l'orienter. L'attention est porteuse d'énergie, l'absence d'attention tend à dévitaliser. Apprendre à retirer l'attention aux fins d'annuler une émotion gênante, la manifestation mal adaptée d'une subpersonnalité ou encore une idée récurrente, peut être très intéressant dans le domaine du secours au deuil, que ce soit pour son désinvestissement seul ou pour réorienter ensuite l'énergie vers un but recherché. Ainsi lorsque émergent des peurs très paralysantes comme celle d'une nouvelle grossesse par exemple chez ***Claudine*** et ***Laurent***, on pourra apprendre, par des exercices de concentration sur des objets d'abord, à retirer progressivement l'attention de la peur en faisant comme si elle n'existait pas. Commencer par l'ignorer en se concentrant sur un tout autre sujet, au début de manière volontaire, sans relâche, jusqu'à faire l'expérience d'une moindre domination de cette peur qui finit par se dissoudre d'elle-même car elle n'a plus d'emprise psychique suffisamment « efficace ». Le mouvement étant de lui-même encourageant, il appelle spontanément à encore plus d'application de la personne jusqu'à disparition définitive de la peur qui laisse place à une certaine forme de sérénité. Au fur et à mesure qu'elle sent sa capacité à diriger les énergies, la personne réussit à utiliser ses ressources latentes au lieu de rester à la merci d'un pouvoir étranger et incontrôlable.

Une variante peut aussi être appliquée pour aider à la « réappropriation » de l'énergie de base d'une émotion afin de l'affecter à un autre objet. Dans cet esprit, je pense à ***Evira*** qui n'était pas angoissée d'une nouvelle grossesse mais au contraire l'attendait sans qu'elle puisse se concrétiser vraiment. Cette situation devenait de plus en plus obsessionnelle et souffrante pour elle. Je lui proposai de me raconter cette souffrance.

> Faire décrire la situation difficile,
>
> repérer un point d'entrée émotionnel ;
>
> demander à quoi cela renvoie en terme de souvenir associé, proche ou lointain.
>
> Repérer une phrase ou un mot-clé particulièrement chargé émotionnellement,
>
> faire amplifier et répéter la phrase ou l'émotion jusqu'à une décharge « suffisante ».
>
> Puis demander de laisser respirer le sentiment qui est là présent tout en se détachant des images associées ;
>
> inviter à laisser définitivement les images attachées à cette émotion et à sentir l'énergie présente dans la seule émotion,
>
> la réintroduire dans une autre image.

Evira a pu ainsi réaliser l'association entre ce vide au dedans d'elle, maintenant que les enfants ne s'y installent plus, et un vide qui la « *prenait au ventre* » lorsque, enfant, elle entendait ses parents « négocier » brutalement sur les fêtes religieuses à suivre. Vide qui l'a renvoyée à un insupportable sentiment d'inexistence et à des pleurs violents. Mais elle a pu remarquer qu'il était possible de se désidentifier de son émotion et d'en garder malgré tout quelque chose d'agissant sur un mode plus positif qui pouvait être réinvesti sur la nouvelle grossesse attendue.

Je tiens à apporter ici une précision qui doit bien sûr s'apprécier en fonction de chaque histoire rencontrée. D'une manière générale, il est prudent de se garder de croire que l'annonce d'une nouvelle grossesse arrivant rapidement après le décès d'un bébé soit un indicateur suffisant de résolution du deuil. Ceci constitue en effet un événement beaucoup trop complexe sur le plan intra psychique pour qu'il puisse être regardé comme tel. Si ce critère peut parfois s'avérer pertinent, cela n'est d'ailleurs pas certain tant il peut jouer à l'encontre, il faut davantage se tourner vers des signifiants communs à tous les autres deuils tels que la réadaptation sociale, intellectuelle et affective pour pouvoir parler de sortie du deuil.

Symboliser l'Essentiel

Les symboles qui ont essentiellement une fonction unifiante et intégrative viennent en appui des approches déjà évoquées et agissent comme une énergie autonome que l'on peut accumuler et mettre au service d'une transformation. Ils ont en outre une fonction de révélateur de parties de nous partiellement ou totalement inconnues et nous portent vers une « compréhension » directe et intuitive, inaccessible à toute logique analytique. Dans le chaos du traumatisme de la mort du tout-petit *in utero*, où l'image de vie réelle est absente et où l'avenir apparaît toujours comme inexistant, le recours au symbole ouvre sur un possible de réappropriation. Il faudra malgré tout être vigilant à ce qu'il ne représente pas un moyen d'évasion de la réalité dans un moment où celle-ci n'apporte précisément que peu de secours, voire bâtit beaucoup d'obstacles. Aussi est-ce dans un ajustement approprié que l'utilisation des symboles pourra aider la personne à se diriger dans son trouble et sa souffrance tout en lui suggérant des directions et des projections possibles en terme de devenir.

Evira, très insérée dans une vie qui lui semble trop étriquée, bénéficiera énormément de l'ouverture aux symboles, même si cette approche n'a pas été facile pour elle, à cause d'une structure à tendance obsessionnelle et donc très insécurisée par tout ce qui a trait au « lâcher-prise ».

La visualisation du Phare décrite ci-dessous, particulièrement adaptée au deuil d'une manière générale, procurera à ***Evira*** une nouvelle force pour atteindre à cette nouvelle grossesse désirée. Elle dira que ce phare, c'est son « *port d'attache pour mieux se détacher de son passé* ». Elle l'appellera « *Charlaine* » pendant un temps avant de reconnaître que derrière lui, il y a un autre phare qui n'a pas encore de nom, qui n'en a d'ailleurs peut-être pas besoin parce qu'il est « *au-delà de tous les ports et de toutes les mers* ».

> Imaginez que vous vous trouvez sur un petit bateau en haute mer, la nuit. Vous êtes loin de toute côte, il y a une tempête et la pluie tombe sur le pont...

> Sur le bateau tout danse effroyablement. Vous pouvez sentir le vent froid et la pluie qui vous frappent le visage, et vous percevez aussi en imagination la fatigue des muscles et la difficulté de tenir la barre. Vous vous sentez perdu et à la merci des flots.
>
> Puis, à distance, vous pouvez voir un point de lumière, qui devient un phare. Cette lumière devient pour vous un point de repère que vous accueillez avec confiance et soulagement.
>
> Maintenant vous savez dans quelle direction aller. Vous vous concentrez sur le phare et vous visualisez la lumière qui irradie dans toutes les directions, pour aider ceux qui ont perdu leur orientation, et pour guider tous ceux qui en ont besoin.
>
> La tempête continue à sévir, le vent hurle, la pluie tombe, la nuit est très profonde. Mais le phare est solide et lumineux.
>
> Vous vous concentrez maintenant sur le phare. Vous en percevez la stabilité et la lumière. Vous voyez des vagues toujours plus puissantes s'abattre de façon menaçante sur le rocher où se trouve le phare, et sur le phare lui-même, qui pourtant résiste, immobile et lumineux dans la nuit. En continuant à le visualiser, vous assimilez la solidité et la force que représente le phare, vous sentez en vous un point de repère indestructible.[1]

Des symboles tels que celui-ci peuvent devenir de réelles lignes de force pour les personnes endeuillées qui vont s'appuyer sur eux et s'en servir pour remarquer leur évolution au cours du temps. Certains comme « la chrysalide »[2] ou « la rose »[3] se prêtent particulièrement à l'orientation du regard intérieur vers la transformation, l'éclosion ou l'évolution positive en opérant une montée vers le Soi, « la rose » tout particulièrement. Ils peuvent ainsi être utilisés à tout moment pour susciter ou ancrer ces sentiments alors qu'il est précisément difficile pour la personne de sentir un tel mouvement intérieur. Pour ***Claudine*** et ***Christine***, ces symboles ont permis d'accéder à quelque chose de cet ordre en les faisant intervenir autour du travail sur le sentiment de parentalité, la potentialité génitrice, l'identifica-

1. Ferrucci P., *Votre épanouissement personnel par la psychosynthèse*, op. cit. p. 103.
2. Ibid., p. 105.
3. Ibid., p. 114.

tion féminine, la restauration de la confiance avec le monde empathique, les peurs de mort dans une nouvelle grossesse.

Il s'agit ici d'exemples où je décide par avance avec quel symbole je vais travailler, en fonction de ce que présente la personne à un moment donné de son évolution. De manière complémentaire, il est également possible de favoriser l'apparition spontanée d'un symbole plus « personnel » et signifiant pour elle.

Avec ***Laurent*** par exemple, j'ai choisi de le guider souvent dans une visualisation plus « libre » dans le but de l'aider à reconnaître ce sentiment de paternité si difficile à ajuster pour lui. Un jour où il me racontait une de ses fermetures à ce sujet, je remarquais la raideur de ses épaules, de ses bras, la crispation de ses mains.

> Je l'ai invité à être tout d'abord présent à son corps... à observer sa respiration...
>
> puis à laisser respirer en lui ce sentiment de paternité...
>
> Ensuite je lui ai proposé d'intégrer ce sentiment dans toutes les parties de son corps... et dans toutes ses perceptions sensorielles...
>
> puis de laisser monter une image, un symbole, qui représenterait pour lui ce sentiment ancré à présent dans son corps et ses perceptions, d'être attentif à l'endroit de ce corps où le symbole venait s'ancrer et de prendre le temps de se dire qu'en tout temps, il pouvait y avoir accès.

Laurent m'a décrit immédiatement une pièce de céramique brisée en son milieu et dont les deux morceaux se rapprochaient pour s'emboîter. Par la suite, il portait toujours en lui ce symbole et y faisait appel comme signe du lien qui l'unissait à Emmanuel. Il représentait effectivement pour lui la rencontre avec son fils, la reconnaissance et la réappropriation de son sentiment de paternité.

Contacter le Guérisseur en soi

Proche de l'utilisation du symbole, ce qu'Assagiolo appelle le dialogue intérieur permet de rentrer en contact avec une « vérité » profonde à l'intérieur de soi, qui pour avoir été oubliée dans l'inconscient, n'en est pas moins opérante dès qu'elle est sollicitée. Dans sa dimension la plus large et la plus haute, le dialogue intérieur permet de faire appel à ce personnage bienveillant, chaleureux, rassurant, protecteur à l'infini qui siège au dedans de chaque individu, symbole archétypal du Soi, et qui peut insuffler sa force régulatrice et vivifiante depuis l'intérieur de l'être. Susciter sa présence au profond du parent endeuillé par une mise en relation visualisée équivaut à faire intervenir directement en lui ce thérapeute-guérisseur qu'il peut être pour lui-même une fois les charges émotives trop envahissantes réduites. Le contact avec cette « personne » en lui qui « sait », l'homme ou la femme sage, l'ascèse, l'ami, le juste... mais ce peut être aussi le silence, l'immensité, l'infini, etc. rencontré toujours à l'issue d'un périple guidé qui élève vers un sommet et avec qui l'on entre en dialogue, procure un sentiment de joie intense et de force qui donne une paix neuve. C'est un dialogue que je propose souvent lorsque la personne a pu reconstruire en elle un sentiment suffisant d'appartenance à la « communauté » des parents, afin de renforcer sa confiance dans une sensation quelque fois encore fragile de parentalité accomplie ainsi que dans l'environnement empathique. Il s'effectuera en méditation silencieuse. Il est à différencier de ces autres dialogues que j'ai décrits plus haut, intérieurs eux aussi, utilisés plus précocement dans le processus d'accompagnement et qui visent à aller directement à la rencontre des situations ou personnages à réparer, réactiver, quitter, pardonner, etc., en s'adressant à eux à voix haute.

Evira à l'issue de son périple, en haut d'une montagne, verra une femme vêtue d'une grande aube blanche et dorée, ceinte d'une couronne royale, l'accueillir en souriant et l'inviter à se sentir remplie de paix. Dans un premier temps, elle y lira une promesse de maternité à venir mais plus tard elle dira qu'il s'agit peut-être aussi d'une maternité d'une autre nature, davantage tournée vers l'accomplissement d'elle-même. « *Il serait peut-être temps d'accoucher aussi de moi* » me dira-t-elle.

Installer une volonté libératrice

La volonté, élément central du développement du processus de synthèse, est inscrite également au cœur du processus de deuil. Volonté bienveillante et non pas volontarisme dont la société s'est confusionnellement emparé pour justifier inconsciemment ces violences désastreuses subies par les parents endeuillés : « *Allez, il faut te secouer maintenant, tu ne vas pas rester dans cet état* »... « *Arrête de pleurer, ça ne sert à rien* »... « *De toute façon, tu sais bien que c'est mieux comme ça* »... « *Il n'aurait pas vécu, allez, pense plutôt à en refaire un autre !* »... La volonté bienveillante, elle, s'inscrit en revanche dans l'amour et l'attention, le respect des rythmes et des possibles. Elle bouscule et provoque pour avancer mais tient compte de la douleur et des pleurs. Elle dirige de cette manière l'intentionnalité du deuil vers sa terminaison. La volonté peut être activée en tant que telle par des techniques particulières élaborées par Assagioli. Car « *quand la volonté manque, l'espace psychique qu'elle devrait occuper est envahie par l'angoisse, par la dépression, par la rancœur et par la confusion* »[1]. Ces sentiments, tous présents à un moment ou à un autre du processus de deuil, appuient bien la nécessité de ne pas laisser de côté le travail sur la volonté dans l'accompagnement du deuil périnatal.

Mais cependant, dans cette phase très précoce de recherche d'amorce du processus, lorsque la charge émotive est encore souvent trop présente, il faut laisser momentanément de côté les techniques très spécifiques d'activation de la volonté, essentiellement destinées à l'apprentissage de la liberté et de l'engagement responsable de tout être humain en quête de croissance personnelle et spirituelle. En effet, la volonté de la personne est ici suffisamment inévitablement impliquée dans l'utilisation de toutes les autres approches actives évoquées, ne serait-ce que par l'attention et la concentration requises bien souvent. Il s'opère donc à travers elles une éducation psychique implicite à son développement, ce qui semble beaucoup mieux adapté à l'objectif principal de rendre « *tout d'abord* » acceptables les

1. Ferrucci P., *Votre épanouissement personnel par la psychosynthèse*, op. cit., p. 66.

situations émotionnelles trop intenses mais tout en concourant efficacement à renforcer chez le parent endeuillé l'estime de soi tellement mise à mal ainsi que sa capacité à affirmer pour lui-même et aux yeux du monde la légitimité de son deuil.

Façonner son « modèle idéal »

Le travail à partir du modèle idéal offre un intérêt tout particulier dans la reconstruction des personnes ayant une organisation défaillante de l'estime de soi. Il présente donc une forte adéquation avec les besoins de la grande majorité des parents endeuillés par la perte d'un bébé « non né », ce facteur extrêmement « dénarcissisant » en soi, ainsi que je l'ai déjà évoqué.

Il s'agit de construire en visualisation une image de soi idéale – mais non « idéalisée » qui produirait l'effet inverse de celui recherché – c'est-à-dire atteignable et réalisable compte tenu de la réalité psychique et environnementale de la personne, suffisamment solide et stable pour qu'elle constitue un modèle directeur et procure des élans d'identification concrets dans la vie quotidienne. On pourra partir de visualisations libres ou s'appuyer sur des personnages de mythes ou de contes que la personne peut choisir pour les qualités que ceux-ci représentent à ses yeux ou encore exprimer le modèle idéal en le projetant sous diverses formes : dessin, écriture, modelage, attitudes corporelles, jeux de rôles, etc. Outre la projection de la personne en son entier en terme de devenir, la technique s'avère tout à fait pertinente appliquée à la reconstruction symbolique des maillons manquants de la chaîne de naissance et en particulier en ce qui concerne l'accouchement.

Tant ***Evira*** que ***Claudine*** et ***Christine*** ou même ***Laurent***, ont ainsi pu construire le modèle idéal de « leur » accouchement, celui duquel ils avaient tous été exclus pour cause d'anesthésie ou d'éviction des lieux et dont le blanc, l'absence, représentaient – avec le devenir du corps pour Claudine, Laurent et Christine – le vol le plus manifeste de leur histoire. La sensation de n'avoir pas mis au monde leur enfant, pour les mères, découlait en majeure partie de là.

Les constructions de chacun ont été projetées de différentes manières, marquant ainsi la créativité issue de leurs ressources propres et révélées pendant le parcours thérapeutique : ***Evira*** fera une grande fresque en collage avec des couleurs très lumineuses ; ***Claudine*** écrira le scénario de la naissance de Nicolas après une visualisation proposée du modèle idéal de son accouchement qui suivit le jeu de rôle avec les nounours ; ***Laurent*** quant à lui, façonnera en pâte à modeler toutes les étapes de la naissance qu'il a pu « voir » grâce à la visualisation de son modèle et ***Christine*** mettra en scène cette naissance pendant quarante minutes au cours d'une séance. Après différentes étapes de reconstitution où chacun avait pu, à partir de sa charge émotive, se réapproprier par morceau cette naissance volée, le modèle idéal leur a permis de créer une réalité « imaginale » venant se substituer à la carence de vécu en contribuant effectivement à une mise à distance de « l'appréciation sociale » de l'événement et en ancrant de manière stable et durable dans la vie intérieure – « *que personne ne peut me voler, celle-là* », dira ***Laurent*** – un sentiment de réelle mise au monde du bébé.

Cette approche, combinée avec d'autres de manière appropriée, est également très intéressante pour la mise en œuvre des « rituels » qui au cours d'une séance permettront à la personne de faire compléter ou terminer ce qui n'a pas pu l'être dans la réalité, soit autour du bébé lui-même, soit autour des personnages interférant de manière directe dans le deuil immédiat. Le rituel de « remise » est ici particulièrement réparateur. Après avoir proposé cette démarche à la personne et la lui avoir présentée, lui demander de penser à un objet qui représenterait symboliquement ce qu'elle a envie de rendre : poids du passé, émotion, sentiment, attitude, comportement, etc., et à qui. Cela peut concerner une ou plusieurs personnes, il conviendra de choisir une représentation pour chacune qui sera(ont) apportée(s) à la séance choisie pour procéder au rituel :

> Disposer en face de la personne, en arc de cercle, autant de chaises vides qu'il y a de personnages en jeu. Faire déposer les objets sur une table.

Inviter à être bien en relation avec l'état présent, tant sur le plan sensoriel qu'émotif, être attentif aux souvenirs du passé qui émergent spontanément, choisir une scène particulière.

Prendre le temps d'installer cette scène là aussi dans toutes les perceptions sensorielles,

inviter à décrire les situations et les personnages en parlant depuis les perceptions de la petite fille ou du petit garçon,

mettre la scène en mouvement et décrire les ressentis ;

là où la charge émotive semble intense, inviter à entrer en communication avec le personnage concerné et à lui dire à voix haute ce qu'il y a présentement à lui dire...

laisser le personnage réagir à ce qu'il vient d'entendre en lui faisant prendre la parole à son tour ;

encourager ce dialogue jusqu'à ce que « tout ait été dit », vérifier.

La charge émotive doit alors s'apaiser.

Inviter à prendre la représentation apportée et à aller la placer sur la chaise en face de soi (s'il y a plusieurs chaises, laisser le temps à la personne de placer elle-même chaque personnage sur « sa » chaise),

(Il est aussi possible d'effectuer ce rituel de manière plus « improvisée » en demandant à la personne d'écrire sur une feuille de papier ce qu'elle souhaite remettre au personnage et d'aller poser cette feuille sur la chaise comme elle l'aurait fait pour la représentation),

être attentif au ressenti et à toutes les sensations en regardant la chaise ainsi « habitée ».

Formuler clairement à haute voix ce qui est ainsi remis en nommant la personne et en lui disant : « ... je te remets... qui ne m'appartient pas ».

Observer le nouvel état, le laisser respirer, ancrer dans le corps.

Je pense ici en particulier à ***Christine***, qui après un travail sur le génosociogramme et des visualisations associées qui avaient laissé remonter à sa conscience des silences familiaux de meurtre fantasmé, a pu « remettre » à son grand-père maternel son « homicide » en discernant qu'il ne lui appartenait pas à elle. Grâce à cela Christine a pu ressentir le bienfait libérateur de se débarrasser d'un poids qu'elle portait à son insu et qui venait interférer dans sa problématique actuelle de répétition d'« infanticide » *in utero*.

Quant à ***Claudine,*** après qu'elle ait pu visualiser son modèle idéal des funérailles qu'elle aurait souhaitées pour Nicolas, je lui ai proposé de mettre en mouvement la sortie de l'église, la marche vers le cimetière et l'enterrement en sortant physiquement dans le jardin où nous avons pu faire se dérouler l'ensemble. À l'issue de quoi, ***Claudine*** a procédé à un lâcher de ballon symbolisant le départ de Nicolas. Ce rituel a fait bouger en elle ses représentations jusqu'alors figées de l'attachement et de la séparation. Elle a réalisé que jamais sa mère ne lui avait dit au revoir – du moins dans sa réalité imaginaire – avant de partir de la maison pour toujours et qu'elle-même n'avait jamais pu non plus lui dire au revoir –adieu – puisqu'elle n'avait appris sa mort que des années après son décès. Cette compréhension directe et intuitive du lien à sa mère, sans bien sûr la libérer immédiatement, permit dans un premier temps à ***Claudine*** de se formuler à elle-même que malgré son arrachement et sa douleur, elle voulait vraiment laisser partir Nicolas à la manière de ce ballon qui s'élevait dans les airs.

Je pense également à ce « rituel de l'œuvre » que je propose à l'issue d'une reconstitution « imaginale » suffisante de la mise au monde du bébé et des traces signifiantes de son existence. Il s'agit de réaliser une « œuvre » personnelle, faite des propres expression créatrices de la personne et qui représentera symboliquement à ses yeux son bébé disparu. Cette création touche à la sublimation et à la synthèse de ce qui a pu être « dit » par le parent jusque-là de la « présence » de l'absent. En tant que représentation transcendée d'une réalité par nature et par conjoncture incomplète, cette réalisation – mise au réel – offre en effet aux parents une manière symbolique d'achever cette œuvre commencée dans le corps et que la mort était venue brutalement interrompre.

Ajusté dans l'axe permanent du « *Je/Soi* », ce qui est imaginé au cours de ces séances peut grandement faciliter le développement vers l'idéal et ainsi concourir à un véritable dégagement du point de blocage de la crise actuelle. Attention cependant, je le redis ici, aux risques que peuvent représenter ces techniques axées directement sur l'inspiration et l'imagination. Utilisées trop tôt dans le processus de reconstruction, elles pourraient en effet se retourner contre les tâches à accomplir ; car prises sous le joug de résistances inconscientes encore actives, elles se trouveraient récupérées par ces dernières et falsifieraient ainsi radicalement les productions intérieures de la personne pour les dérouter vers de nouveaux scenarios imaginaires. Le bénéfice recherché de la production « imaginale », plutôt que de donner accès au véritable processus d'élargissement de conscience en vue de la transformation de la souffrance, serait alors dangereusement déplacé vers les effets secondairement dévastateurs des dits scenarios. C'est pourquoi il est nécessaire, dans cette période particulièrement fragile, d'accompagner les personnes en ayant toujours le souci *a priori* de renforcer chez elles le Centre « *Je* » comme lieu de volonté capable de maîtriser et diriger. C'est également pourquoi il est essentiel d'assurer un cadre d'éducation à l'utilisation des fonctions psychiques parallèlement à la mise en œuvre des tâches à accomplir pour la remise en route du processus de deuil. Ceci autant qu'il est bien sûr possible, dans l'état d'effondrement émotif et psychique où se trouvent très fréquemment plongées les personnes sollicitant de l'aide après la mort d'un tout-petit.

• • •

À PROPOS DES ORGANISATIONS PSYCHIQUES

Laissons-nous pleurer le plus vieux rêve du monde,
Laissons-le rire, laissons-le nous faire grelotter,
Laissons-nous y brûler les doigts,
Laissons-nous le danser et le prendre sur les genoux,
Le plus vieux rêve : être aimé.
Sans raison. Sans mérite. Comme ça.

Christiane Singer

J'ai amplement évoqué dans les chapitres précédents l'importance de l'ouverture et de la flexibilité dans l'accompagnement des personnes endeuillées ainsi que cette vision centrale selon laquelle aucun être humain n'est jamais réduit à un seul aspect limité de lui-même, fut-il identifié à cet aspect. Mon propos n'est donc pas à présent de figer une description enfermante des personnes dans un quelconque « diagnostic » déterminant d'elles-mêmes. L'évocation de leur organisation psychique est en revanche destinée à mettre en évidence certaines caractéristiques jusque-là structurantes de leur personnalité et qui agissent aujourd'hui comme phénomène amplificateur de leur deuil. Pour chacune d'elles, mère et père, la non-reconnaissance de l'existence de l'enfant et par là même du statut de parent endeuillé, est placée au centre de l'expression de leur souffrance. Il est notable de remarquer que cette plainte arrive bien avant le fait d'avoir, comme dans tout autre deuil, à apprivoiser le manque et l'absence au quotidien. L'objet du deuil, dérobé en tant que tel à la représentation psychique du parent, est donc bien cette composante extérieure spécifiquement traumatique du deuil périnatal que j'évoquais dès le début de cet ouvrage.

Pourtant chacun arrivera, au terme du parcours d'accompagnement, à se sentir légitimé dans sa perte, réhabilité dans sa parentalité et apte à avancer sur le chemin de la séparation d'avec l'objet d'amour tant désiré. Et s'il est bien entendu, comme je l'ai souvent souligné, que l'on ne peut faire son deuil de « rien », il n'en est pas moins vrai que ce « rien » vient ici résonner de manière très amplifiée chez des personnes souffrant déjà d'un déficit important de l'estime de soi, les prédisposant à un effondrement plus radical encore et à l'entrée dans une crise beaucoup plus sévère. Le cercle infernal duquel elles ne peuvent s'extraire boucle indéfiniment du déni à l'effondrement et de l'effondrement au déni, dans une rupture radicale du juste rapport entre extériorité et intériorité.

Pour ***Evira***, ***Claudine***, ***Laurent*** et ***Christine*** le traumatisme est venu se greffer sur des fixations très précoces, infantiles, et le « rien » tombera effectivement dans la besace confuse de la non-reconnaissance et de la non-existence concernant leur toute petite enfance ; chacun ayant développé une structure de personnalité et caractérielle en rapport avec sa réalité imaginaire et dont il s'agit de tenir compte pour l'aider au mieux à mobiliser ses ressources.

Evira demandera à être particulièrement soutenue dans une problématique ambivalentielle très forte trouvant son enracinement dans le sentiment d'écartèlement entre son père et sa mère à cause de leur identité religieuse différente en particulier et des enjeux d'amour qui y ont été investis. Son apparence physique longiligne ne renie pas sa structure caractérielle « orale » qui semble toujours répéter cette injonction parentale : « Dépêche-toi donc de grandir pour te débrouiller toute seule ». Son « rien » résonne avec la frustration, la menace constante d'être abandonnée « des deux côtés », la solitude, le vide qu'il faut remplir.

Elle s'en est défendue en développant des mécanismes comme l'*évitement* et le *retrait* en particulier, étayés par un fort *contrôle par la pensée* et une tendance très nette à se *cramponner aux objets*, ce dernier mécanisme étant évidemment particulièrement actif en la circonstance et donc particulièrement défavorisant dans son deuil.

Le travail d'ouverture vers une conscience plus large grâce à la mobilisation et à la force d'intégration des fonctions de l'imagination l'orientera vers la découverte d'un centre plus « haut » que son petit moi emprisonné dans ses schémas intellectuels. La piste de la confiance en elle qu'elle pourra commencer de suivre lui donnera plus d'assurance pour se soutenir depuis elle-même dans son épreuve et poursuivre de se libérer du chantage affectif familial.

Le transfert d'une bonne mère accueillante et chaleureuse lui permettra de basculer à la fin du parcours sur un transfert négatif qui l'autorisera à revendiquer son besoin d'autonomie et à arrêter les séances après le contrat thérapeutique, pour signifier en particulier sa volonté d'arrêter de payer à sa mère cette monnaie d'échange permanente du besoin d'elle comme antidote à sa mort fantasmée. Mon contre-transfert de mère pleine d'amour et de détachement à la fois, a autorisé également pour elle cette séparation dans laquelle elle a pu affronter sa solitude sans ressentir l'isolement et le vide. En tant que figure archétypale, ***Evira*** recherchera en moi l'« Ami bienveillant ».

•

Claudine est écrasée par une surcharge de la vie et de cette épreuve de plus qu'elle lui envoie. Cela résume l'ensemble de sa problématique de structure « masochiste », ancrée dans le ressenti d'un chantage affectif de sa mère avant que celle-ci ne quitte finalement le domicile « par sa faute ». Une mère « écrasante » par le poids de culpabilité qu'elle représente pour ***Claudine*** et dont elle se sentira elle-même écrasée toute sa vie. Son « rien » résonne avec cette culpabilité, dominante, présente dans sa structure autant que dans l'événement qui vient lui faire écho. Il résonne avec la peur de faire mal, avec la souffrance endurante qui tient le coup envers et contre tout, et avec ces injonctions qui la brident encore : *« Ne sois pas libre ; retiens ta colère »*.

Claudine répond elle aussi par le *retrait*, mais également par l'*isolation* et une *agression passive* cependant coexistante avec un phénomène de *compensation* qui expose et amplifie son côté généreux, serviable et toujours disponible. Elle fonctionne de ce fait sur un mode opératoire fondé exclusivement sur le « il faut que », extrêmement handicapant pour le travail de deuil.

Pour ***Claudine***, je représenterai la bonne mère disponible et compréhensive, avec qui elle aimerait fusionner. Le cadre du contrat thérapeutique, nourri de propositions actives, ainsi que mon contre-transfert très chaleureux, ont pu lui donner dans un premier temps l'illusion d'une réponse directe à sa demande inconsciente. Cet état de fait intégré de manière consciente à ma pratique, lui a en l'occurrence permis de reconstruire son rapport à la séparation, au travers de Nicolas tout d'abord. Puis l'explicitation de cette relation transférentielle plus tard a permis de continuer le travail, dans le cadre d'un contrat psychothérapique cette fois, pendant un peu plus de deux ans. ***Claudine*** a pu ainsi apprendre plus directement à gagner sa liberté de savoir d'elle-même ce qui était bon pour elle, sans plus avoir à recourir à cette figure archétypale du « Conseiller » qu'elle avait investie sur moi. Petit à petit, elle a appris à mettre de la distance entre celle qui « *a* » des caractéristiques propres et celle qu'elle « *est* » dans une plus grande totalité. Elle a finalement pu découvrir, en terme d'expériences vécues, quelque chose du sentiment de récupération de ses énergies profondes, et en particulier celle contenue dans sa colère. Ainsi, par exemple, a-t-elle pu sentir davantage au quotidien la force que contenait son agression passive, qu'elle pouvait « incorporer » pour l'utiliser à lutter en elle avec son épreuve et ne plus perdre son énergie à lutter désespérément contre les injustices de sa vie.

•

Laurent, dans une adaptation constante pour sauvegarder son équilibre précaire d'organisation limite, se révèle d'une structure caractérielle plus complexe, à plusieurs étages, conservant lui aussi des caractéristiques très fortes du « masochiste » comme l'endurance ou la propension à aller vers les autres et leurs désirs – il soutient beaucoup sa femme comme il a toujours beaucoup soutenu sa mère. Dans son clivage, ce côté de lui alimente le secteur anaclitif. Son secteur adaptatif s'appuie davantage sur des aspects du « psychopathe ». Son « rien » y résonne avec la manipulation, le contrôle du parent sur l'enfant, la promesse non tenue de sa mère de s'arrêter de travailler à sa naissance pour s'occuper de lui, ce qui fonde en particulier son acharnement à la reconnaissance d'Emmanuel car il le lui a promis.

Laurent est confronté au *déplacement* en tant que mécanisme de défense, perdu lui-même dans ses émotions qu'il manipule également à son insu ; le *déni*, sous-jacent dans toute son organisation, en est l'élément central. Il exerce un *contrôle par la pensée* et un *contrôle omnipotent de l'objet.*

Pour ***Laurent*** également, c'est la mère qui a été d'emblée installée dans le transfert, celle qu'il veut manipuler comme il manipule tout le monde pour ne pas l'être lui-même. Il aura beaucoup de mal à être dans l'ici-et-maintenant en séance et se méfiera énormément au début des techniques proposées de peur toujours d'être manipulé et surtout de pressentir le contact possible avec sa grande vulnérabilité. Entre un « j'attends-tout-de-vous » caractéristique de la structuration caractérielle « masochiste » et un « vous-ne-pourrez-rien-pour-moi » issu de la structure « psychopathe » lancé comme un défi inconscient, il a été nécessaire de poser clairement ces données du transfert afin que ***Laurent*** active sa volonté de rentrer dans une dimension participative et responsable du travail. Ce n'est qu'après avoir « bouclé » quelque chose de sa reconnaissance paternelle, à la croisée des chemins entre son cheminement personnel et les funérailles d'Emmanuel rendues possibles, que Laurent pourra relier ce *« fils suicidé dans le ventre de sa mère »* – c'est lui qui en parle ainsi car aucune cause de mortalité n'a été trouvée à l'autopsie – avec le sacrifice qu'il a lui-même fait de sa propre vie d'enfant pour satisfaire le trop-plein d'amour étouffant d'une mère culpabilisée. Il s'est, en quelque part de lui-même, *« suicidé »* lui aussi, psychiquement, au péril de sa construction narcissique, avec pour conséquence l'organisation fragile d'un moi insuffisamment constitué, clivé en un secteur adaptatif très fort et un besoin d'étayage constant, caractéristiques de son organisation limite.

Laurent venait rencontrer avec moi les figures archétypales de « l'Ami » et de « l'Adversaire », ce dernier étant d'ailleurs étroitement lié au premier dans le sens où cet Adversaire recherché est celui qui dans l'attention profonde à celui qui lui fait face, lui propose une épreuve qui l'oblige à plonger en lui plus profond à la recherche de ressources jusqu'alors encore inconnues de lui. Les ressources de ***Laurent*** étaient à aller chercher dans son enfant intérieur « suicidé », ce qu'a pu permettre l'espace psychothérapique qui a suivi. Mon contre-transfert, en adéquation avec les images archétypales, m'a fait proposer à ***Laurent*** de venir travailler au nom de cet enfant-là, sacrifié sur l'autel de l'amour maternel. Il a pu ainsi accepter de contacter directement sa vulnérabilité masquée par le personnage dominateur et endurant et d'aller à la rencontre de ce petit enfant qu'il a « ressuscité » et dont il a fait revivre les besoins cachés, avant de pouvoir, tout comme Emmanuel, le laisser partir.

•

Christine elle aussi a une structure complexe, étagée, avec un soubassement « oral » très affirmé en même temps qu'une défense essentiellement fondée sur une structure « rigide ». J'ai exposé sommairement sa problématique au cours de sa présentation[1]. Il est clair que son « rien » résonne avec l'abandon et la dépréciation autant qu'avec la trahison. Trahison du père qui commande de ne pas s'attacher sous peine de grande souffrance, ajoutée à la problématique d'identification maternelle et à une expression hystérique ancrée dans l'anorexie

1. Voir le chapitre « Les rencontres cliniques ».

mentale – je garde/je rejette. Jeu de trahison/dépréciation/abandon qui se rejoue entre elle et le « rien » qui essaie de prendre corps dans ce corps hébergeant déjà si peu existant.

Christine *contrôle*, tant la *pensée* que les *objets* et *l'environnement*, *compense* par un hyper investissement où rien d'autre n'a de place que l'excellence, dans sa peur d'être constamment jugée, rejetée. Elle se défend également avec l'*évitement* et avec le *déplacement* concernant ses émotions, le sourire étant souvent destiné à masquer – trahir – les larmes.

Christine transfère sur moi une image paternelle, en vue de réparer l'image défaillante du père. Je représente en outre pour elle la figure archétype du « Guide » à qui elle vient demander de lui montrer son chemin.

Le contrat d'accompagnement thérapeutique s'est poursuivi dans un contrat psychothérapique où ***Christine*** a pu affronter plus directement sa peur viscérale d'être jugée, rejetée, dépréciée. La confiance forte et mon contre-transfert de bonne mère, à la fois aimante et ferme, l'ont conduite à s'abandonner à moins de contrôle et à accueillir comme une ouverture possible son énergie sexuelle féminine. Elle a ainsi été amenée petit à petit à oser faire des pas en dehors de sa rigidité, en s'appuyant sur les techniques qui d'une part activaient les fonctions de son imagination et qui d'autre part sollicitaient l'expression de sa vie affective, comme la catharsis. Elle a par ces approches fait l'expérience de l'importance et de la force désordonnée de son inconscient à l'œuvre dans sa vie.

•

Evira comme ***Claudine***, ***Laurent*** et ***Christine*** ont donc trouvé en eux, malgré le passage dépressif dans lequel ils étaient lorsque je les ai rencontrés, la volonté de mobiliser suffisamment leurs ressources inconscientes pour accéder en eux-mêmes à cet espace de reconstruction possible qui s'étire entre les limites et les potentialités de chacun. En favorisant et en guidant une tension créatrice entre ces deux opposés, il est possible de s'appuyer sur les parties saines de la personne. L'individu, si souffrant soit-il, possède cachées en lui toutes les capacités de retournement vers son axe « *Je/Soi* ». Il est à même, guidé dans cette direction, d'élever sa conscience vers les plus hauts sommets de la transformation et de la sublimation de sa souffrance.

• • •

CONCLUSION

DU FIL-DE-SOI PERDU AU FIL-DU-SOI TISSÉ

Entre ombre et lumières.
Ainsi chemine notre vie vers ces espaces infinis
Où nos âmes soudain après de longs détours
Nous conduisent enfin vers ces possibles d'Amour
Longtemps ensommeillés
Qui attendent pour éclore l'aurore d'un été.

Anne-Victoria Luminais

Ce que la chenille appelle la fin du monde,
Le reste du monde l'appelle le papillon.

Richard Moss

Deviens ce que tu es !

Nietzsche

La plus grande complication du deuil, c'est d'être empêché de le faire. La parole magique d'une négation suffit en effet trop souvent à agencer le confort dans lequel s'est installé celui qui a déjà arrangé son système intérieur et se trouve dérangé par une mise en évidence nouvelle. Indicible douleur pourtant que cet arrachement d'un petit être en complet devenir où seul l'anéantissement de la raison répond en écho au champ dévasté de la conscience. Face à cette violence individuelle et collective, Jean-Bertrand Pontalis pour sa part, rappelle que *« rien de ce qui est humain ne devrait être étranger à l'Homme et que l'on peut ne pas être "fini" et pourtant être là, hors du temps mesurable comme de l'éternité »*[1]. Comment faire son deuil de ce qui n'a pas existé ? Comment se dire parent d'un enfant sans nom ? Comment choisir de faire sienne une réalité sans visage ? Comment refaire de la vie après avoir donné la mort ?... Les réponses à ces questions et aux autres implicitement ou non soulevées tout au long de cet ouvrage appartiennent, nous l'avons vu, à chaque personne endeuillée qui les formulera elle-même depuis l'espace secret de connaissance mémorisé dans ses profondeurs. Il n'est jamais trop tard pour restaurer symboliquement la trace et l'image manquantes du tout-petit qui est mort. C'est en effet souvent la demande d'aide adossée à l'accompagnement, à l'occasion de la survenance de ce violent traumatisme dans le courant de l'existence, qui opéreront ensemble une plus ou moins grande et nette prise de conscience qu'il est possible d'agir depuis soi-même pour aller à la rencontre de sa propre dimension « guérisseuse » ; car l'accompagnement juste remet toujours le pouvoir de sortir de la crise à celui à qui il appartient, l'individu lui-même. Il l'invite à poser la responsabilité de son propre devenir après lui avoir offert de réduire les charges trop intenses qui bloquent son évolution.

Dans cet espace de responsabilité, « l'enfant extérieur » perdu vient faire écho à « l'enfant intérieur » égaré dans les profondeurs de l'être. L'arrachement de l'un au corps de l'Homme résonne avec la souffrance archaïque de l'autre dans les replis de l'inconscient. L'éveil à cette mémoire anesthésiée révèle, en seconde lecture, toute la

1. Pontalis J.-B., *L'enfant des limbes*, Paris, Gallimard, 1999.

puissance thérapeutique potentielle de la tragédie qui vient percuter de plein fouet les parents. Elle porte en effet en elle comme une triple correspondance entre l'extériorité qui s'impose dans l'événement, la mort de l'enfant et l'intériorité de l'être qui s'en trouve directement interpellée. Le mélange physique des espaces pour la mère autant que le non-accès au bébé pour le père vont intensifier ces correspondances. La première est archétypale, elle loge dans ces énergies puissantes qui fondent l'inconscient collectif de l'humanité et nous guident vers nos profondeurs les plus secrètes comme vers nos sommets les plus éblouissants au travers des résonances avec de grandes figures symboliques : ici la Mère, les Eaux, la Terre, le Divin. La deuxième est mécanique : la grossesse physique renvoyant immédiatement au devenir psychique de l'individu par la concordance des termes dans les deux univers tels que « gestation », « matrice », « étapes » ou « stades de croissance », « travail », « accouchement », « cordon », « naissance ». La troisième correspondance est existentielle : le fœtus en tant qu'inaccompli renvoie en effet à l'inaccompli de soi toujours en devenir, la mort en cours de gestation à ces morts successives par lesquelles il nous faut passer pour naître à nous-même et le « rien », si insupportable, projette quant à lui dans la peur archaïque de l'Homme de n'être Rien à défaut de pouvoir être Dieu. Ces correspondances sont profondes, cachées mais intenses, vivantes, actives, en résonance permanente depuis le corps de la femme jusqu'à la chair des époux et les niveaux les plus subtils de leur être. Elles renvoient face à face extériorité et intériorité comme deux pôles d'une même réalité qui pousse d'une manière ou d'une autre à s'interroger : en quoi cette gestation inachevée et cette naissance « manquée » de mon bébé sont-elles l'objectivation posée devant mes yeux d'une gestation inachevée de moi, d'une naissance interrompue de moi-même à moi-même ? *« Car de ces deux gestations, physique et psychique, si la première prend forme dans le giron maternel tandis que l'autre se trame dans les replis de l'inconscient, elles s'accomplissent néanmoins toutes deux dans le profond, dans l'intime et dans le mystère de chacun »*[1], là où précisément s'est un jour perdu

1. Massin C., *Vous qui donnez la vie, un autre regard sur la grossesse*, op. cit.

l'enfant qui gît en chacun de nous dans l'attente de grandioses retrouvailles d'amour. Cet événement du décès périnatal, bien loin donc de s'inscrire dans la seule histoire extérieure de la personne vient lui parler, si au bout du chemin du deuil elle peut le regarder, de son temps intérieur et de sa responsabilité à ouvrir les voies de son propre accomplissement.

Les crises événementielles tragiques de l'existence, dont le deuil qui nous occupe fait partie, viennent en effet faire écho à la manière dont la personne a commencé de passer les crises naturelles de sa vie, ces étapes de croissance et de passages obligés depuis sa naissance et qui la conduiront jusqu'à sa mort. À l'occasion de l'événement dévastateur qui fait aujourd'hui écrouler la plupart de ses constructions habituelles et grâce à l'accompagnement, la personne endeuillée sent émerger ce « choix » pour elle de regarder différemment ses identifications et mécanismes du passé. Elle « sait » en quelque part d'elle-même, de manière plus ou moins consciente, qu'elle peut saisir cette opportunité de plonger en ses profondeurs afin de s'élever vers une réalisation d'elle-même libérée de ses attachements infantiles et dirigée vers la mise debout de son Être. Comme l'avait pressenti ***Evira***, il s'agit bien de la prise de conscience que la maternité biologique et tournée vers l'extérieur, seule, ne peut suffire à réaliser cet Être dans sa complétude et que le temps est venu de s'occuper de cet autre enfant à mettre au monde dans une maternité spirituelle cette fois.

Par le parcours thérapeutique proposé, deuil et créativité vont faire alliance dans un compagnonnage salvateur dont j'ai pu montrer les fruits au travers de chacune des rencontres évoquées. Grâce en effet à un travail faisant appel aux plus hautes fonctions psychiques de l'individu, l'alchimie nouvelle et insoupçonnée de cette alliance va mettre sur la piste d'une transformation possible de l'inextricable déchirure en puissance de retournement vers soi. La lutte inévitable « contre » l'événement, des premiers temps de la tragédie, va devenir lutte « avec » les forces nouvelles acquises. La violence destructive va se convertir petit à petit en violence constructive. Le deuil est à la fois déclencheur à l'extérieur et moteur en profondeur de la gestation qui se met ainsi en route ; car c'est le travail de restauration de l'estime de soi, de réconciliation et de pardon entrepris à partir de la mort du tout-petit qui fait entendre l'appel à retourner plus profondément à la recherche de cet enfant perdu « *in utero* » en soi. La mort de l'un fait la place pour la naissance de l'autre. C'est le défrichage de l'être qui s'entreprend, la descente dans ses profondeurs d'où est issue la lumière future, le passage du corps vide et lourd à la chair dense et légère où il se dévoile que la souffrance peut porter en gestation cette puissance d'accouchement de soi-même à soi-même. C'est bien là en effet, dans le féminin intérieur de tout être « enceint » de sa véritable identité en devenir, qu'il soit homme ou femme biologique, que se niche la maternité spirituelle permanente et joyeuse qui viendra en son temps et dans le possible de chacun, relayer la maternité extérieure conjoncturelle et tragique.

Retournement libérateur vers la Vérité des profondeurs. Encouragement à accomplir toutes les énergies encore inaccomplies qui peuplent les terres secrètes de notre être. Juste rapport entre extériorité et intériorité. Équilibre entre ces deux pôles d'une même réalité. Retrouvailles avec soi. Éveil. Regarder alors autrement, cheminer avec... L'élan donné permet de retrouver ce « fil-de-soi » perdu dans les nuits de l'âme de l'enfant intérieur et de tisser avec amour le « Fil-du-Soi » dans l'enthousiasme de son potentiel infini. *« La quête verbalisée d'un Homme est toujours l'émergence concrète d'un trésor caché jusque-là qui demande à se faire connaître. Le trésor ne peut venir de personne d'autre que de celui qui le détient. C'est en ce sens que toute connaissance acquise de l'extérieur ne peut être réellement valable que si elle réactive en l'être une mémoire secrète de ce même objet de connaissance enfoui en lui. »*[1] Et si pour accéder à la véritable intelligence cachée de ce drame, il fallait commencer par renoncer à vouloir le « comprendre » ? Et s'il fallait aussi, sans conditions, accepter que l'inacceptable en soi recèle une information secrète insoupçonnable ? Et s'il fallait encore, *a priori*, acquiescer au fait qu'il y ait un sens à l'épreuve avant même de pouvoir en pressentir le moindre frémissement ? Et s'il fallait alors dresser en son être profond le

1. de Souzenelle A., *L'Arc et la flèche*, Gordes, Ose savoir, Le Relié, 2001.

sens symbolique de l'événement extérieur pour y déceler l'instruction étonnante de ce qu'il y a à mener dans l'intériorité ? Et si tu étais venu petit Jacques et toi aussi André, pour me souffler tout cela et au-delà encore, que moi seule je ne savais pas voir ; pour finalement me faire naître à cet être de moi-même qui n'est encore qu'en gestation d'Être, tendu vers son « Je Suis » en perpétuel devenir ?

• • •

ANNEXE I

Circulaire interministérielle DHOS/DGS/DACS/DGCL n° 2001/576 du 30 novembre 2001 relative à l'enregistrement à l'état civil et à la prise en charge des corps des enfants décédés avant la déclaration de naissance.

MINISTÈRE DE L'EMPLOI
ET DE LA SOLIDARITÉ

DIRECTION DE L'HOSPITALISATION
ET DE L'ORGANISATION DES SOINS

DIRECTION GÉNÉRALE
DE LA SANTÉ

MINISTÈRE DE LA JUSTICE

DIRECTION DES AFFAIRES
CIVILES ET DU SCEAU

MINISTÈRE DE L'INTÉRIEUR

DIRECTION GÉNÉRALE DES
COLLECTIVITÉS LOCALES

NOR INTB0100307C

RÉPUBLIQUE FRANÇAISE

PARIS, le 30 NOV. 2001

LA MINISTRE DE L'EMPLOI
ET DE LA SOLIDARITÉ

LE GARDE DES SCEAUX,
MINISTRE DE LA JUSTICE

LE MINISTRE DE L'INTÉRIEUR

LE MINISTRE DÉLÉGUÉ À LA SANTÉ

à

Madame et Messieurs les Préfets de Région
Directions Régionales des Affaires Sanitaires et Sociales
(Pour information)

Mesdames et Messieurs les Préfets
Directions Départementales des Affaires Sanitaires et Sociales
(Pour information et diffusion)

Mesdames et Messieurs les Directeurs des Agences Régionales de l'Hospitalisation
(Pour information)

CIRCULAIRE DHOS/DGS/DACS/DGCL n°2001/576 du 30 novembre 2001 relative à l'enregistrement à l'état civil et à la prise en charge des corps des enfants décédés avant la déclaration de naissance.

Date d'application : Immédiate

RÉSUMÉ : La présente circulaire a pour objet l'enregistrement à l'état civil et le devenir des corps des enfants décédés avant la déclaration de naissance.

MOTS CLÉS : fœtus / mort-né / pièce anatomique / enregistrement à l'état civil / prise en charge des corps / inhumation / crémation.

.../...

8, avenue de Ségur - 75350 PARIS 07 SP – Tél. : 01 40 56 60 00

- 2 -

TEXTES DE RÉFÉRENCE :
- Le code civil et notamment l'article 79-1.
- Le code général des collectivités territoriales et notamment les articles L.2223-27 et R. 2213-16.
- Le code de la santé publique et notamment les articles R.44-7 à R.44-9-I.
- Décret n°74-27 du 14 janvier 1974 relatif aux règles de fonctionnement des centres hospitaliers et des hôpitaux locaux, et notamment l'article 77.
- Circulaire JUSC 932134C du 3 mars 1993 relative à l'état civil, à la famille et aux droits de l'enfant.
- Circulaire DGS n° 50 du 22 juillet 1993 relative à la déclaration des nouveau-nés décédés à l'état civil.
- Instruction générale relative à l'état civil du 11 mai 1999.

Cette circulaire a pour objectif de préciser les règles à respecter en matière d'enregistrement à l'état civil et de prise en charge des corps pour les enfants décédés avant la déclaration de naissance.

I - Enregistrement à l'état civil

1.1 - Établissement des actes de naissance et de décès

L'article 79-1 du code civil prévoit que, lorsqu'un enfant est décédé avant que sa naissance soit déclarée à l'état civil, l'officier de l'état civil établit un acte de naissance et un acte de décès sur production d'un certificat médical indiquant que l'enfant est né vivant et viable, et précisant les jours et heures de sa naissance et de son décès.

Concernant la viabilité, la circulaire n°50 du 22 juillet 1993 relative à la déclaration des nouveau-nés décédés à l'état civil a précisé cette notion afin, d'une part, d'éviter la déclaration de fœtus de terme très bas qui auraient pu présenter quelques signes de vie et, d'autre part, d'obtenir des données cohérentes pour l'analyse épidémiologique de la mortalité néonatale. Selon les recommandations de l'OMS (1977), la limite basse pour l'établissement d'un acte de naissance pour des enfants nés vivants, retenue dans cette circulaire susvisée, correspond au terme de 22 semaines d'aménorrhée ou à un poids de 500 grammes, à l'exclusion de tout autre critère, en particulier les malformations.

1.2 - Établissement d'un acte d'enfant sans vie

En l'absence de certificat médical attestant que l'enfant est né vivant et viable, l'officier de l'état civil établit un acte d'enfant sans vie.

Il en est ainsi :

- lorsque l'enfant est né vivant mais non viable ;
- ou lorsque l'enfant est mort-né après un terme de 22 semaines d'aménorrhée ou ayant un poids de 500 grammes. Ces critères plus protecteurs et plus adaptés scientifiquement, ont vocation à se substituer au délai de 180 jours de gestation pour l'enregistrement à l'état civil des enfants mort-nés prévu dans l'instruction générale relative à l'état civil.

.../...

- 3 -

II - Conséquences en termes de devenir des corps

2.1 - En cas d'actes de naissance et de décès, l'inhumation ou la crémation du corps est obligatoire ; elle s'effectue, à la charge de la famille, selon les prescriptions fixées par la législation funéraire. La commune est tenue de prendre en charge les frais d'obsèques des personnes dépourvues de ressources suffisantes ; elle peut aider financièrement les familles en difficulté.

2.2 - En cas d'acte d'enfant sans vie, la famille peut faire procéder, à sa charge, à l'inhumation ou la crémation du corps. La commune garde la faculté d'aider financièrement les familles en difficulté.

Sinon, en cas d'absence de prise en charge par la famille, le corps est :

- soit inhumé si l'établissement de santé, en accord avec les communes concernées, a pris des dispositions spécifiques dans ce sens ;
- soit incinéré dans un crématorium à la charge de l'établissement de santé selon les dispositions des articles R.44-7 à R.44-9-I du code de la santé publique.

Dans ces deux cas l'entreprise de pompes funèbres ou le crématorium sont choisis dans le respect des règles du code des marchés publics.

2.3 - En l'absence d'acte dressé par l'officier d'état civil, le corps est incinéré dans un crématorium, à la charge de l'établissement de santé selon les dispositions des articles R.44-7 à R.44-9-I du code de la santé publique.

Néanmoins, certaines communes acceptent d'accueillir ces corps dans leurs cimetières et recueillent, à cet effet, les déclarations des familles. Cette pratique n'apparaît pas devoir être remise en cause au regard du caractère douloureux de telles situations.

III - Modalités de prise en charge des corps

Lorsque l'enfant est né vivant, mais non viable, ou lorsque l'enfant est mort-né quelle que soit la durée de gestation, l'établissement de santé est tenu d'informer la famille sur les différentes possibilités de prise en charge du corps.

Lorsque, dans un délai de dix jours au maximum suivant le décès, le corps n'a pas été réclamé par la famille, l'établissement de santé fait procéder à son inhumation ou sa crémation conformément aux dispositions du titre II ci-dessus.

Quelle que soit la décision prise par la famille en matière de prise en charge du corps, le personnel soignant veillera à proposer, sans imposer, un accompagnement facilitant le travail de deuil.

Dans le cadre de l'information des familles, les établissements de santé remettront aux familles qui le souhaiteraient une liste d'entreprises de pompes funèbres habilitées. En aucun cas, les établissements de santé ne doivent porter atteinte, par les indications qu'ils donneraient, au principe de libre choix.

.../...

\- 4 -

Les parents seront informés qu'ils peuvent bénéficier, pour inhumer le corps, d'une prestation simplifiée. La réglementation n'impose pas en effet de normes minimales et les entreprises de pompes funèbres doivent adapter rituel et cercueil à la situation particulière tout en assurant un service digne.

*

* *

Je vous remercie de bien vouloir diffuser la présente circulaire, qui sera publiée dans les bulletins officiels du ministère de l'emploi et de la solidarité, du ministère de la justice et du ministère de l'intérieur, à l'ensemble des établissements de santé de votre département. Vous voudrez bien tenir informé le bureau E4 de la direction de l'hospitalisation et de l'organisation des soins du ministère de l'emploi et de la solidarité des difficultés rencontrées pour sa mise en œuvre.

Pour la Ministre et le Ministre délégué
et par délégation
Le directeur de l'hospitalisation
et de l'organisation des soins

Edouard COUTY

Pour la Ministre de l'Emploi et de la Solidarité
Pour le ministre délégué à la santé
et par délégation
Le directeur général
de la santé
le Directeur Général de la Santé

Professeur Lucien ABENHAIM

Pour le garde des sceaux, ministre de la justice
et par délégation
Pour Le directeur des affaires
civiles et du sceau

Olivier DOUVRELEUR
Directeur par intérim

Pour le ministre de l'intérieur
et par délégation
Le directeur général
des collectivités locales

Pour le ministre de l'intérieur,
le directeur général des collectivités locales

Dominique BUR

ANNEXE II

Tableau récapitulatif des droits des parents/devoirs des soignants élaboré par la Commission Deuil Périnatal de l'association **Vivre son deuil Nord-Pas-de-Calais** suite à la circulaire n° 2001/576 du 30/11/2001 et l'arrêté ministériel du 19/07/2002 paru au JO du 06/08/2002.

Deuil Périnatal : droits des parents / devoirs des soignants

(suite à la circulaire n° 2001/576 du 30/11/2001 et l'arrêté ministériel du 19/07/2002, paru au JO du 6/08/2002)

<table>
<tr><th colspan="2">>= 22 SA (sem. d' aménorrhée) OU >= 500 g (viable*)</th><th colspan="2">< 22 SA ET < 500 g (non viable*)</th></tr>
<tr><th>Né vivant</th><th>Né mort</th><th>Né vivant</th><th>Né mort</th></tr>
<tr>
<td>Inscription à l'état-civil obligatoire (registre des naissance + des décès)
Acte de naissance + acte de décès produits par l'officier d'état civil sur présentation d'un certificat médical attestant que l'enfant est né vivant et viable.

La dotation officielle d'un prénom est obligatoire.

L'inscription sur le livret de famille est obligatoire.</td>
<td>Inscription à l'état-civil obligatoire (registre des décès uniquement)
Acte d'enfant sans vie
produits par l'officier d'état civil sur présentation d'un certificat médical d'accouchement d'enfant né mort et viable
<u>Le seuil de 22 SA se substitue au délai de 180 jours jusqu'alors nécessaire pour établir cet acte.</u>

La dotation officielle d'un prénom est possible.

Si les parents le demandent, l'inscription sur le livret de famille est possible à condition qu'ils disposent déjà d'un livret de famille.
Sinon, dès l'établissement ultérieur d'un livret de famille (pour mariage ou naissance), les parents pourront demander l'inscription sur ce livret, de leur enfant né sans vie .</td>
<td>Inscription à l'état-civil obligatoire (registre des décès uniquement)
Acte d'enfant sans vie
produits par l'officier d'état civil sur présentation d'un certificat médical d'accouchement d'enfant né vivant et non viable.
La dotation officielle d'un prénom est possible.

Si les parents le demandent, l'inscription sur le livret de famille est possible à condition qu'ils disposent déjà d'un livret de famille.
Sinon, dès l'établissement ultérieur d'un livret de famille (pour mariage ou naissance), les parents pourront demander l'inscription sur ce livret, de leur enfant né sans vie .</td>
<td>Inscription à l'état-civil impossible
Aucun acte à l'état civil

L'établissement de santé peut néanmoins fournir aux familles qui le souhaitent, un certificat d'accouchement d'enfant né mort et non viable.

L'inscription sur le livret de famille est impossible.</td>
</tr>
<tr><td colspan="4">« Le personnel soignant veillera à proposer, sans imposer, un accompagnement facilitant le travail de deuil. »
« L'établissement de santé est tenu d'informer la famille sur les différentes possibilités de prise en charge du corps. » (circ. du 30/11/2001)</td></tr>
<tr>
<td>L'acte de décès permet aux parents d'obtenir « l'autorisation de fermeture définitive du cercueil » (autrefois appelé «permis d'inhumer »).

L'inhumation ou la crémation du corps est obligatoire.
Elle est à la charge des familles et peut bénéficier de l'aide des communes et/ou des établissements hospitaliers.
Certaines mutuelles acceptent la prise en charge totale ou partielle des frais d'inhumation</td>
<td colspan="2">L'acte d'enfant sans vie permet aux parents d'obtenir « l'autorisation de fermeture définitive du cercueil » (autrefois appelé «permis d'inhumer »).

Les familles ont la possibilité de faire procéder à l'inhumation ou à la crémation du corps de leur enfant et organiser des funérailles.
Certaines mutuelles acceptent la prise en charge totale ou partielle des frais d'inhumation.

Si la famille ne prend pas en charge les funérailles, le corps de l'enfant sera :
- soit inhumé si l'établissement de santé a pris des mesures spécifiques en ce sens en accord avec les communes concernées,
- soit incinéré dans un crématorium à la charge de l'établissement de santé : la loi oblige à incinérer dans un crématorium les corps d'enfants non pris en charge par les familles (articles R. 44-7 à R. 44-9-I du code de la santé publique).</td>
<td>L'inhumation par les familles est impossible. Dans ce cas, la loi oblige l'établissement de santé à incinérer dans un crématorium les corps d'enfants non pris en charge par les familles.

Mais si la mairie l'autorise ou a prévu un lieu spécifique au cimetière, il est possible de demander une « inhumation collective non personnalisée »</td>
</tr>
<tr><td colspan="2">La mère bénéficie de la totalité du congé légal de maternité. Cette grossesse sera prise en compte par la S. sociale pour le calcul des congés maternités ultérieurs (notamment pour les congés supplémentaires.3ème enfant).</td><td></td><td></td></tr>
<tr><td>Le père bénéficie du congé de paternité.</td><td></td><td></td><td></td></tr>
</table>

* *Le seuil de viabilité a été fixé par la circulaire n° 50 du 22 juillet 1993, qui, selon les recommandations de l'OMS (1977), établit la limite basse de viabilité à 22 semaines d'aménorrhée ou à un poids de 500 grammes, « ceci à l'exclusion de tout autre critère, en particulier les malformations. »*

MAJ du 4/01/2003

VIVRE SON DEUIL
Nord-Pas de Calais

ANNEXE III

Liste des associations ayant des activités dédiées
à l'accompagnement du deuil périnatal,
élaborée par l'association **Lait-sans-ciel**.

AMC

30-32, rue aux Ours - **76000 Rouen**

Tél. : 02 35 98 18 19

Contact : Monique LEFEVRE - E-mail : amcml@wanadoo.fr

. Entretiens de soutien
. Groupes de parole
. Tables rondes
. Conférences

ASP ACCOMPAGNER

38, avenue du 20e Corps - **54000 Nancy**

Tél. : 03 83 35 45 05

Contact : Marie-France POCHON

Permanences les mardis de 15h00 à 18h00 :
. Groupes d'entraide tous deuils (non spécifiquement périnatal)

ASP DEUIL TOULOUSE MIDI-PYRÉNÉES

40, rue du Rempart Saint-Etienne, BP 182 - **31004 Toulouse cedex 6**

Tél. : 05 61 12 43 43

Contact : Véronique LUTGEN - E-mail : asp.toulouse@free.fr

. Groupes de parole
. Entretiens individuels ou couples
. Écoute téléphonique deuil : 05 61 23 71 88

ASSOCIATION AGAPA

42, rue Saint Lambert - **75015 Paris**

Tél/Fax : 01 40 45 06 36

Contact : Catherine de CHARENTENAY - E-mail : agapa.ass@wanadoo.fr

Antenne **Aix-Marseille-Salon** - Tél. : 04 42 54 00 55
Antenne **Bourgoin-Jallieu** - Tél/Fax : 04 74 28 31 45
Antenne **Cambrai** - Tél. : 03 27 70 18 03
Antenne **Manosque** - Tél/Fax : 04 92 34 11 08
Antenne **Royan** - Tél/Fax : 05 46 05 37 48
Antenne **Toulouse** - Tél. : 05 61 75 05 00

Équipe en lien avec la pastorale familiale du diocèse, accueille sans prosélytisme :
. Accompagnement par étapes, individuel ou en groupe
. Rencontres hebdomadaires en petit groupe ou en individuel

ASSOCIATION ANTOINE, NUBIA, ALINE ET LES AUTRES (AANAA)

2, place de la République - **33**700 Mérignac (**Bordeaux**)
Tél. : 05 56 76 16 06
Contact : Jocelyne GOÛT - E-mail : aanaa33@aol.com

. Groupes de parole
. Entretiens de soutien
. Actions de sensibilisation et de formation
. Aide juridique et administrative
. Site : http://aanaa.fr.st

ASSOCIATION CLARA

Résidence de l'Étoile, bd Roger Licca - **84**700 Sorgues (**Avignon**)
Tél. : 04 90 39 40 49
Contact : Florence BASSET - E-mail : association.clara@caramail.com

. Actions de sensibilisation pour la reconnaissance légale entre 14 et 22 semaines
. Obtention de la rétroactivité de la circulaire du 30/11/2001 (documents faisant foi)
. Site : http://association.clara.free.fr

ASSOCIATION FRANÇAISE ÉCLIPSE

12, rue du Clos de la Rode - **30**620 Uchaud (**Nîmes**)
Tél. : 06 73 22 99 06
Contact : Blandine GARCIA

. Entretiens de soutien individuels ou couples
. En mars 2004, projets en développements

ASSOCIATION PRISME

Clos Saint-François, 8, rue Serpentine - **26**400 Aouste-sur-Sye (**Valence**)
Tél. : 04 75 25 16 42
Contact : Chrystel GUIER - E-mail : chrystel.lux@voila.fr

. Entretiens de soutien, y compris à domicile sur demande
. Groupes d'entraide fermés
. Ecoute téléphonique
. Informations juridiques, administratives et bibliographies

AXELLE, ÉLISE, LOUISE, TOM ET LES AUTRES

48, rue des Grèves - **03000 Moulin**
Tél. : 04 70 20 68 83
Contact : Laure RENÉ - E-mail : Assoaelt0363@aol.com

. Groupes de parole sur le 03 et le 63
. Entretiens et rencontres sur demande
. Informations juridiques

CENTRE DE RESSOURCES NATIONAL FRANÇOIS-XAVIER BAGNOUD – FONDATION CROIX SAINT-SIMON

125, rue d'Avron - **75020 Paris**
Tél. : 01 44 64 43 53
Responsable : Dominique SERRYN - E-mail : cdrnfxb@croix-saint-simon.rss.fr

Ouverture et consultation sur rendez-vous :
. Médiathèque sur la mort, les soins palliatifs, le deuil et l'accompagnement
. Site : www.fxb.org/palliativ/cdi

Véronique et Jean-François DOLOY

256, chemin du Vallet - **38260** Pajay (**Grenoble/Lyon**)
Tél. : 04 74 20 45 56 - Fax : 08 25 17 13 58
E-mail : familledoloy@libertysurf.fr

Hors constitution associative :
. Informations administratives et juridiques
. Entretiens de soutien téléphoniques
. Site : http://lisanotreange.chez.tiscali.fr

L'ENFANT SANS NOM - PARENTS ENDEUILLÉS

25, rue Carnot - **71100 Chalon-sur-Saône**
Tél/Fax : 03 85 48 50 04
Contact : Sophie HELMLINGER
E-mails : lenfantsansnom@free.fr
sophie.helmlinger@libertysurf.fr

Permanences les vendredis de 9h00 à 11h00 :
. Groupes de parole
. Écoute téléphonique
. Actions de sensibilisation
. Des contacts dans certaines régions (Angers, Besançon, Chambéry, Pontarlier, Tours...). Se renseigner auprès du siège de Chalon-sur-Saône
. Site : http://lenfantsansnom.free.fr

FÉDÉRATION NATIONALE CORIOLANE ET LES LAVANDES

10, Chemin du Vieux Moulin - **69**160 Tassin-la-Demi-Lune (**Lyon**)
Tél. : 06 15 73 40 57
Contact : Nathaly DELNORD - E-mail : leslavandes@hotmail.com

. Soutien et entraide psychologique
. Groupes de parole
. Actions de sensibilisation pouvoirs publics
. Site : www.leslavandes.fr.fm

FÉDÉRATION NATIONALE JUMEAUX ET PLUS

28, place Saint Georges - **75**009 **Paris**
Tél. : 01 44 53 06 03 - Fax : 01 44 53 06 23
Contacts : Séverine BARBIE DE PREAUDEAU / Leslie IACONELLI
E-mail : infos@jumeaux-et-plus.asso.fr

. Soutien aux parents ayant perdu un enfant lors d'une grossesse multiple
. Prendre contact pour la communication des délégations régionales
. Site : www.jumeaux-et-plus.asso.fr

GROUPE ADP (Aide au Deuil Périnatal)

Hôpital de la Citadelle, bd du 12e de Ligne, 1 - 4000 Liège (**Belgique**)
Tél. : 00 32 4 225 61 87
Contact : Bruno FOHN - E-mail : bruno.fohn@chrcitadelle.be

. Groupes de parole
. Formation des personnels soignants
. Livret d'accompagnement des parents à l'hôpital

GROUPE DE TRAVAIL “ DIAGNOSTIC PRÉNATAL ” EN ISÈRE

40, rue de la République - **38**320 Bresson (**Grenoble**)
Tél. : 04 76 14 00 46
Contact : Jorène BOKEL-CAYRAC - E-mail : jorene@cayrac.fr.fm
Tél. : 04 76 25 68 19
Contact : Christelle FEREZ - E-mail : christellekf@free.fr

En mars 2004, association en cours de constitution :

. Actions de sensibilisation
. Écoute et entretiens de soutien deuil périnatal
. Groupes d'entraide en projet selon demande

LAIT-SANS-CIEL

74, rue de la Fontaine - **78670** Villennes-sur-Seine (**Paris**)
Tél. : 06 81 25 85 43
Contact : Chantal HAUSSAIRE-NIQUET
E-mail : chantal.haussaire-niquet@laposte.net

. Informations juridiques et administratives
. Actions de formation de tous les intervenants autour du deuil périnatal
. Actions de sensibilisation
. Accompagnement individuel, couple, fratrie, famille
. Groupes d'entraide
. Promotion ouvrages *L'enfant interrompu* et *Le deuil périnatal*

NAÎTRE ET VIVRE DÉLÉGATION ILE-DE-FRANCE

5, rue La Pérouse - **751***16* **Paris**
Tél. : 01 47 23 05 08
Contact : Myriam MORINAY - E-mail : contact@naitre-et-vivre.asso.fr
Secrétariat Association Nationale
Tél. : 01 47 23 98 22
Contact : Nathalie ZOLOTOUKHINE - E-mail : contact@naitre-et-vivre.asso.fr

Association de parents ayant perdu un enfant de la mort subite du nourrisson (MSN) et d'autres causes à partir de la naissance jusque 3 ans :

. Rencontres et réunions d'information autour de la mort du tout-petit, demander le calendrier
. Accueil téléphonique
. Groupes de soutien
. Prendre contact avec le Secrétariat National pour les antennes dans les régions
. Site : www.naitre-et-vivre.asso.fr

PARENTS DÉSENFANTÉS

13, avenue des Mésanges - B1300 Wavre (**Belgique**)
Tél. : 00 32 2 10 24 59 24
E-mail : parents-desenfantes@yucom.be

. Écoute téléphonique
. Visites à domicile
. Groupes de soutien ouverts
. Soirées d'échange, détente, balades
. Bibliothèque
. Site : www.parentsdesenfantes.org

RÉSEAU D.E.S. FRANCE

Centre Administratif, 12, rue Martinon - **40**000 **Mont-de-Marsan**
Tél. : 05 58 75 50 04
Contact : Anne LEVADOU - E-mail : reseaudesfrance@wanadoo.fr
. Soutien aux familles victimes du distilbène
. Site : www.des-france.org

TENDRE L'OREILLE

Cabinet Médical des Deux Ormes
4, boulevard des Deux Ormes, Jas de Bouffan - **13**090 **Aix-en-Provence**
Tél. : 04 42 28 24 31
Contact : Nicole FOULON - E-mail : tendre.loreille@laposte.net
Permanences les lundis, mardis et jeudis de 9h00 à 12h00 :
. Groupes d'écoute et de soutien
. Accompagnement individuel, couple, parents, famille
. Sensibilisation auprès des personnels soignants
. Site : www.aix-asso.org/tendreloreille

UNITÉ FRANCOIS-XAVIER BAGNOUD – FONDATION CROIX SAINT-SIMON

125, rue d'Avron - **75**960 **Paris** cedex **20**
Tél. : 01 44 64 43 50 - Fax : 01 44 64 43 51
Contact : Chantal HAUSSAIRE-NIQUET
E-mail : fxb@croix-saint-simon.rss.fr
. Groupes d'entraide fermés
. Accompagnement individuel, de couple, fratrie ou famille
. Actions de formation auprès des personnels soignants et autres institutions ainsi que des animateurs de groupes d'entraide
. Site : www.fxb.org

VALENTIN A.P.A.C. (Association de Porteurs d'Anomalies Chromosomiques)

52, La Butte Eglantine - **95**610 Eragny-sur-Oise (**Paris**)
Tél/Fax : 01 30 37 90 97
Contact : Isabelle MARCHETTI-WATERNAUX
E-mail : contact@valentin-apac.org
. Groupes d'entraide pour tous deuils liés à une anomalie chromosomique
. Site : www.valentin-apac.org
. Forum : http://forums.multimania.lycos.fr/use/valentinapac/

VIVRE APRÈS

30, rue Georges Bernanos - **77100 Meaux**
Tél. : 01 60 38 00 62 - Portable : 06 81 79 78 90
Contact : Clara NIQUET - E-mail : eclampsie@wanadoo.fr

Accompagnement des familles confrontées à des pathologies obstétricales graves, en cas de vie ou de mort :

. Actions de sensibilisation, information
. Écoute et entretiens de soutien
. Groupes d'entraide en projet
. Site avec forum de discussion : http://membres.lycos.fr/preeclampsie/Index.htm

VIVRE SON DEUIL NORD-PAS-DE-CALAIS

Home des Infirmières, 5, avenue Oscar Lambret - **59037 Lille** cedex
Tél. : 03 20 88 73 46
Contacts : Maryse DUMOULIN / Karine TAECKENS
E-mail : vivresondeuil.59.62@club-internet.fr

. Groupes de parole
. Entretiens individuels ou en couples
. Centre de ressources (bibliothèque, vidéothèque, exemples de faire-parts décès et naissances suivantes)
. Aide aux démarches juridiques et administratives
. Sensibilisation des soignants, des médias et des pouvoirs publics
. Livret d'accompagnement pour les parents à paraître fin 2004
. Site : http://nostoutpetits.free.fr

RÉFÉRENCES BIBLIOGRAPHIQUES

AP-HP., *Maternité et deuil*, 1re journée de formation continue des personnels de maternité organisée par les écoles de sages-femmes de Baudelocque et Saint-Antoine, Assistance Publique-Hôpitaux de Paris, 28 novembre 1996.

AUTHIER-ROUX F., « Devenir parents d'un enfant mort », in *Aux marges de la vie*, Ramonville St Agne, érès, 1999.

AUTHIER-ROUX F. et al., *Ces bébés passés sous silence, À propos des interruptions médicales de grossesse*, Ramonville St Agne, érès, 1999.

BEN SOUSSAN P. et al., *Le fœtus exposé*, Ramonville St Agne, érès, 1998.

BOUDREAULT J., et al., *À vous qui venez de perdre votre bébé*, Brochure d'information du Groupe de travail sur le deuil périnatal, Hôpital Sainte-Justine, Le centre hospitalier universtaire mère-enfant de Montréal, Québec, 1999.

BOUDREAULT J., et al., *Une grossesse s'est interrompue*, Brochure d'information du Groupe de travail sur le deuil périnatal, Hôpital Sainte-Justine, Le centre hospitalier universtaire mère-enfant de Montréal, Québec, 1999.

BOUDREAULT J., et al., *Fausse couche*, Brochure d'information du Groupe de travail sur le deuil périnatal, Hôpital Sainte-Justine, Le centre hospitalier universtaire mère-enfant de Montréal, Québec, 1999.

BOURNE S., « Enfant mort-né, pensée mort-née », in *Evénement et psychopathologie*, Paris, SIMEP, 1985.

DAVID D. et al., *Le diagnostic prénatal : aspects psychologiques*, Paris, ESF, 1996.

DEFEY D., « Les morts périnatales, consultations conjointes médico-psychologiques », in *Devenir*, vol. 9, n°4, 1997.

DELAISI de PARSEVAL G., *La part de la mère*, Paris, Éditions Odile Jacob, 1997.

DELAISI de PARSEVAL G., « Les deuils périnataux », in *Études*, n°3875, Novembre 1997.

DELAISI de PARSEVAL G., « Les deuils périnataux », in *JALMALV*, n°57, 1999.

DELAISI de PARSEVAL G., MULLIEZ N., « Le deuil périnatal », in *Abstract Gynéco*, n°164, mai 1996.

DUMOULIN M., *Respect et considération des corps des fœtus décédés : réflexion éthique*, thèse de doctorat d'université de santé publique, Lille, Université du Droit et de la santé, 1999.

DUPONT M., MACREZ A., « La mort périnatale », in *Le décès à l'hôpital, règles et recommandations à l'usage des personnels*, Les guides de l'AP-HP., Vélizy, Doin Editeurs/Éditions Lamarre, 1998.

Euthanasie fœtale (L'), actes de colloque du même titre, Paris novembre 1998, *Études sur la mort*, n° hors série, Le Bouscat, L'Esprit du Temps, septembre 1999.

FLIS-TREVES M., *Le Deuil de maternité*, Paris, Plon, 2001.

FRECHETTE L., « Deuil à la suite d'accidents de procréation et de décès de nourrissons », in *Frontières*, Montréal, Québec, n°3, vol.9, hiver 1997.

FRYDMAN R. et al., *Mourir avant de n'être ?*, colloque GYPSY I, Paris, Éditions Odile Jacob, 1997.

GAGNON DE LAUNIERE M., « Devant un deuil périnatal », in *The canadian nurse*, février 1995.

GAGNON DE LAUNIERE M. et al., *Guide d'accompagnement des familles lors d'un deuil périnatal*, Complexe hospitalier de la Sagamie, Québec, Centre Hospitalier, 1995.

GAREL M., LEGRAND H., *Une fausse couche et après ?*, Paris, Albin Michel, 1995.

GOLSE B., « À propos des interruptions médicales de grossesse. Deuil (du fœtus) ou mélancolie », in *le Carnet PSY*, n°73, juin 2002.

HAUSSAIRE-NIQUET C., « Habiter le vide », in *Couple et famille*, 1997, n°110-111.

HAUSSAIRE-NIQUET C., « Le deuil périnatal : l'absence au creux du ventre », in *Le journal des psychologues, dossier L'enfant au cœur de l'absence*, n°184, février 2001.

HAUSSAIRE-NIQUET C., « Le groupe d'entraide autour de la mort périnatale », in *Animer un groupe d'entraide pour personnes en deuil*, Paris, L'Harmattan, 2001.

HAUSSAIRE-NIQUET C., « Le suivi de deuil lors d'un décès périnatal », in collectif : *Accompagner des personnes en deuil, l'expérience du Centre François-Xavier Bagnoud*, Paris, érès, 2003.

HEBERT M.-P., « Perinatal bereavement in its cultural context », in *Death Studies*, Department of social services, Saint-Mary's Hospital, Montréal, Québec, n°22, 1998.

JANDROT-LOUKA F., « Déchiffrement du deuil d'enfant », in *Revue du Littoral*, n° hors-série, novembre 1995.

LEBOVICI S. et al., *Tragédies à l'aube de la vie, répercussions sur les familles*, Paris, Bayard Éditions, 1993.

LE GRAND-SEBILLE C. et al., *Le fœtus, le nourrisson et la mort*, Paris, L'Harmattan, 1998.

LEON I. G. et al., *Devenir*, Numéro spécial « Mort-Naissance », vol. 7, n°1, 1995.

Les deuils d'enfant de la conception à la naissance, actes du colloque du même titre, Bruges octobre 2000, *Études sur la mort*, n° 119 - Le Bouscat, L'Esprit du Temps, juin 2001.

« Les interruptions médicales de la grossesse au 3e trimestre », in *Actes des 30e journées nationales de médecine périnatale*, Reims 2000, Rueil-Malmaison, Arnette, 2000.

MILLIEZ J., *L'euthanasie du fœtus : médecine ou eugénisme ?*, Paris, Éditions Odile Jacob, 1999.

MURAT P., *Décès périnatal et individualisation juridique de l'être humain*, Droit sanitaire et social, Paris, 1996.

PEJU P., *Naissances*, Paris, Gallimard, 1998.

ROUSSEAU P., « Les pertes périnatales, la famille, les soignants et la société », in *Devenir*, vol. 7, n°1, 1995.

SIROL F., « Rencontre avec les pères dans un service de médecine fœtale », in *Devenir*, vol. 7, n°1, 1995.

SUREAU C., « Interruption de grossesse... Travail de deuil ? », in *Médecine de l'homme*, n°228, mars-avril 1997.

TOEDTER L. J. et al., « The perinatal grief scale : development and initial validation », in *American journal of orthopsychiatry*, n°58, juillet 1988.

VALAT A.-S., DUMOULIN M., « Le deuil périnatal », in *Abstract Gynéco*, n° 163, avril-mai 1996.

ZOZOR N., MISSONIER S., « Le deuil périnatal », in *Médecine de l'homme*, n°228, mars-avril 1997.

Témoignages de parents

de MEZERAC I., *Un enfant pour l'éternité*, Monaco, Éditions du Rocher, 2004.

HAUSSAIRE-NIQUET C., *L'enfant interrompu*, Paris, Flammarion, 1998.

KOTZWINKLE W., *Le nageur dans la mer secrète*, Arles, Actes Sud, 1998.

LAURENS C., *Philippe*, Paris, P.O.L, 1995.

LOF, A.-F., *Saskia ou le deuil d'un bébé Distilbène*, Paris, Frison-Roche, 2000.

du RANQUET M.-C., *Tu m'aurais appelée « maman »*, Versailles, Saint-Paul, 2002.

SAGNIER C., *Un ange est passé*, Castelnau-le-Lez, Climats, 1998.

TABET S., *Je n'ai pas vu tes yeux*, Paris, Hachette Littérature, 2002.

TRICHARD-GAUTIER B., *Congé maternité sans bébé*, Paris, Sparadrap / À compte d'auteur, 2001.

Nouvelle

GAVALDA A., « I.I.G. », in *Je voudrais que quelqu'un m'attende quelque part*, Paris, Éditions J'ai Lu, 2002, pp. 19 à 33.

REMERCIEMENTS

En tout premier lieu je tiens à remercier mon mari ainsi que mes quatre fils, Etienne, Philippe, Jacques et André, sans oublier celle ou celui si vite parti(e) de moi, pour leur compagnonnage physique et spirituel tout au long des mutations profondes qui ont guidé ma route depuis *L'enfant interrompu.* J'adresse également mes profonds mercis à maman qui, dans sa toujours grande disponibilité, a su « assurer » combien de présences auprès de ses deux petits-enfants pour me permettre d'écrire puis de finaliser aujourd'hui cet ouvrage.

Je veux remercier aussi chaleureusement toute l'Association François-Xavier Bagnoud – devenue « Unité » François-Xavier Bagnoud, Aline, Annick et Annie en particulier, pour leur confiance du début et de toujours, pour le pari gagné ensemble autour du deuil périnatal. Grâce à elles, j'ai pu faire mes premiers pas dans l'accompagnement et mettre ainsi au jour en moi ce *« trésor caché jusque-là qui demande à se faire connaître ».*

Je remercie « fort », comme ils disent là-bas, Gilles Deslauriers, mon formateur québecois, pour la sagesse et le savoir-être avec lesquels il transmet toujours son expérience d'accompagnement des personnes endeuillées. Je lui ai emprunté beaucoup de son charisme et même certaines de ses formulations dont je suis « imprégnée » pour encrer ces lignes.

Je remercie également Tan Nguyen, directeur de l'École de psychosynthèse – Centre Source, ainsi que tous les intervenants rencontrés au cours de mes années d'études, tous d'une exceptionnelle et particulière richesse.

Merci encore et tout spécialement à Christophe Fauré rencontré un jour sur les chemins merveilleux des groupes d'entraide, pour qui j'ai une profonde estime et qui m'a fait l'immense plaisir-cadeau de cœur d'écrire la préface de cet ouvrage.

Mes remerciements se tournent enfin, mais j'aurais pu également commencer par eux, vers toutes celles et tous ceux que je rencontre depuis plusieurs années, dans les groupes ou les entretiens, et sans qui ces mots n'auraient aucun fondement, aucune âme humaine. Parmi eux je pense bien sûr tout spécialement à Evira, Claudine, Laurent et Christine.

Mais je n'oublie surtout pas ceux-là mêmes que je garde en mon cœur sans pouvoir les nommer tous et qui en croisant un jour le chemin de ma vie par ces hasards qui n'en sont pas, ont contribué à faire germer en moi la graine de mon Être. Je leur adresse un immense et personnel merci dans lequel chacun, j'en suis sûre, se reconnaîtra sans peine.

Le site internet des éditions Le Souffle d'Or

Une contribution unique dans l'essor du développement personnel dans les pays francophones

Venez découvrir l'univers que nous avons créé à votre attention :

- des **informations** très complètes sur les livres, les jeux et les musiques (*Le catalogue*)
- un moyen de **passer vos commandes** en quelques instants avec la garantie d'un paiement sécurisé par notre banque (*La boutique*)
- une extraordinaire occasion d'échanger avec les personnes qui partagent vos valeurs : rejoignez les discussions sur le **forum, partagez vos expériences et faites des rencontres inattendues** (*L'espace échanges et rencontres*)
- des **actualités** précises et ciblées (*L'actualité*)
- la présentation complète des activités et de l'équipe des éditions Le Souffle d'Or (*Qui sommes-nous ?*)
- une sélection des meilleurs sites Internet qui œuvrent avec nous en faveur de l'esprit réseau (*Les sites en synergie*)

Vous venez de lire un livre des éditions Le Souffle d'Or. Il vous a touché ? Écrivez à son auteur. (Son adresse e-mail et/ou son site internet sont accessibles par la boutique/descriptif des livres – cliquez sur le nom de l'auteur.)

Vous avez envie de partager vos impressions ? Nous vous ouvrons un espace de liberté et de convivialité !

Alors, à vous de jouer !

www.souffledor.fr

Imprimé en France